主编

我们，70后！

ZHEJIANG UNIVERSITY PRESS
浙江大学出版社

主　　编：袁　岳　　张　军
编委指导：曲媛媛　　张　慧
　　　　　王　佑　　姜健健
编　　委：蔡　焱　　张　媛
　　　　　钟　璐　　陆誉蓉
　　　　　古　雪　　丁　江
　　　　　刘晓波　　杨　宇
　　　　　朱丽娟

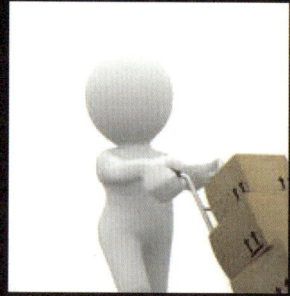

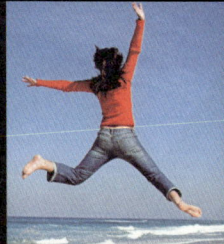

目　录

自我认知：有压力，但快乐、自信

成功观：不求功成，但为过程

婚恋观：婚姻与爱情是两码事

网络生活：活在私密空间里

90后的最爱：玩味刺激，热爱极简

形形色色90后：横看成岭侧成峰

未来：银色翅膀，飞向金色未来

序 一

当90后长成

—— 为零点指标集体著作的《我们，90后！》一书所写的序言

一群零点公共呼叫中心的呼叫员站在我们面前，她们是我们公司第一批规模化的 90 后员工。在她们背后的 80 后员工，只是显得老成一些。很多人说 80 后与 90 后之间没有明显区别，也有人说两者之间差别很大。至于实际情况如何，我们用数字说话。1999 年，零点第一次做 80 后中学生调查，现在我们手头正有一份 90 后中学生调查，同时我们还有可以作对比的 80 后和 90 后大学生调查的数据。在这些数据的映衬下，90 后作为一个社会群体在我们面前的形象更加清晰了。

人人头上一片天，当 90 后长成的时候，我们正好与他们共一个天。90 后的父母基本上是我的 60 后同龄人。相对而言，60 后生长在最为顺畅的时代：他们小的时候正有"文化大革命"的打打杀杀，稍微长成就有了正经的大学可上，而且在学校里面还是有不少同学与老师争分夺秒地一起学习，到了毕业的时候正好赶上可以自己选择理想的工作、实在不行国家还给兜底的时代。相比较而言，60 后更多地给予孩子放松、空间与条件，而且他们又吸收了 50 后养育第一代独生子女 80 后的经验教训，因此 90 后在成长中形成了自己的特点。

90 后与 80 后一样早早接触大量信息，网络人群，喜欢好玩的事情，有宽广的想象力，唯美，有比较强的自我意识。90 后不在乎有人把他们标签为一代人，而且索性自嘲为非主流。相比较而言，他们更注重社交与协作，更会注意协调好关系；啥都沾一点，尽量寻求平衡；想到的事情会努力去尝试，虽然也偶尔纠结，但动手动脚是他们的主流；在生活中也会有偶像，但是相对更接受自己生活中的榜样与模范；虽然他们也批评，但成事却是他们更主要的想法；他们的视野也更宽一些，对于全球化的兴趣更浓，对于融合国际事务更积极。

我们做这份 90 后研究的专业研究人员

主要是 80 后，他们真的是一群热诚而且富有创造力的青年人。他们在那些系统的数据分析之后，决定用 90 后的方式完成这本既有专业性但是又不希望只成为少数研究人员故纸堆的 90 后著作，所以大家看到了这本数据、解读、对比、场景故事、叙述与图片俱丰的书。在这本看起来有点碎片化的书后，我希望大家看到那群有趣而又生动的 90 后，他们将会给我们带来活力、改变、创造与新样式。90 后不只是会玩的一代，他们早早成熟，也早早行动，在偶尔带点冷峻的幽默之后，他们愿意建设出带有他们风格的新事物，就像他们创造与挪移来的网络语言，又多又杂，在你还没习惯前一堆的时候，很快又给你来一堆。

零点研究咨询集团 董事长

序 二

快乐的力量

"世界是我们的，也是你们的，但最终是他们的。"当70后从迷茫中走向世俗，80后在房奴、车奴的身份中挣扎，90后，一个崭新的群体正在走向历史的舞台。

是磨难让人勇敢，还是顺境成就勇敢？或许是过去一个多世纪历史的包袱过于沉重，我们及我们的父辈更相信挫折教育，而随着西方教育思想的深入人心，现在更认同激励教育。事实告诉我们，历史的包袱、不断的挫折，更会造就自卑、阴谋、懦弱，而相反，从胜利走向胜利的激励型教育及健康富足的生活环境更可能造就自信、阳光、勇敢。

在90后的字典里没有苦难，没有落后，他们自接触这个世界起，看到的就是一个蒸蒸日上、愈加强大的中国。他们眼中的中国是世贸组织成员的中国，是金融危机中坚挺的中国，是成功举办举世瞩目的奥运会的中国，是全球GDP第二的中国。

有人说，70后是工作狂，80后拒绝加班，90后拒绝上班！历史不会简单重复，但总是惊人地相似，每一代人都在说下一代是垮掉的一代。曾经唱着"一无所有"、喇叭裤、长头发、被贴着"小流氓"标签的迷茫的60后70后已经成为中国的脊梁，成为中国GDP全球第二的主要创造者。而被认为注定要垮掉的第一代独生子女的小皇帝小公主们已经开始在生活的重担下坚强前行，这些80后不但要承担"房奴""车奴"的重压，还要承担4至8位老人赡养义务的"家奴"。但我们没有理由怀疑90后。

90后与他们的前辈们有着截然不同的成长环境，除了经济生活上的优越之外，他们还享受着几千年来最先进的人类文明的结晶——数字信息技术。记得十年前零点曾经开展过数字化人群的研究，主要的对象是70后和80后，那时我们只能通过有限的数字化应用特征来定义数字化人群，例如在互联网上浏览新闻，或曾经在网上购过物，以此来区别于传统人群，那时经常性的话题是数字化鸿沟。如果说对于70后80后需要通过后天的有意识学习而掌握一些数字化产品的应用并以此为时尚，而现在对于90后而言，数字化不是他们需要后天有意识学习的，而是其生活的一部分，就像要用筷子吃饭一样简单。某大学的一项调查显示，在90后新生中，92%的学生配有手机或小灵通，几乎人手一机，七成学生拥有电脑，而购买了MP3、数码相机等电子产品的学生接近六成。因此可以说，90后是真正的数字化人群，是真正与互联网融为一体的一代，开放、全球化视野成为他们与生俱来的特征。电脑和手机是他们主要的信息媒介和通讯手段，他们的朋友圈不再是家人、亲戚、同学，而是遍布全球。

"自我、叛逆、另类"，这是90后经常被赋予的标签，正如70后的"小流氓"标签一样，表象特征造成了前辈的误读。"421"的家庭结构和无忧无虑的生活环境造就了90后独特的价值观体系，我们研究发现，虽然他们看起来专属、自我，但也更自信，更遵从自我的内心感受。

他们不追求卓越，不喜欢矫情，不认同奉献和牺牲，不喜欢虚无的完美和崇高，但追求从心出发的快乐，喜欢真实自然，认同双赢和互惠。这些价值观在老一辈人眼中不够崇高，但却更具普世性和可持续性，更容易与世界沟通，因真实而更可贵。曾有西方人批评，中国制造成为质量低劣、仿冒、侵犯知识产权的代名词，其根源在于中国人接受了西方人先进的技术，却没有接受其先进的管理文化。中国人只是对产品和技术狂热追求，而漠视西方管理文化所强调的坦率、直接、诚实。

这样的批评固然逆耳，却未必不是忠

言，虽然诚信也是中国人商场上的信条，但很多国人的诚信免不了功利表演的成分。就此而言，我更相信未来商场上 90 后的诚信是源自内心的诚信，因为从来没有哪一代人如 90 后是在开放、富强的中国成长起来的，自卑落后、厚黑阴谋在他们的内心从未萌芽。我相信阳光、自信的 90 后的诚信才是真正源自内心的，也相信 90 后主导的社会将不会再出现三聚氰胺、瘦肉精等类似的事件。

外在的另类和出位只是他们追求内心快乐的自然表现，另类不是异类，出位但不出轨，当我以一个研究者的身份与他们深入交流时，惊叹于他们有如此严格的行为界线的自律！他们敢于张扬自己的个性，喜欢成为亮点，追求色彩、动感、活力、时尚，拒绝刻板单调，而这正是创新的源泉！

如果用一个文学性的而不是社会学的词来总领 90 后的价值观体系，我认为是"快乐"，发自内心的对快乐的追求是阳光、自信、勇敢的 90 后的一切力量的源泉。

因为遵从内心的快乐，他们拒绝虚伪，抵制权威，他们将会是推动社会走向公平、公正、开放、透明的不可忽视的力量。

因为遵从内心的快乐，他们张扬个性，拒绝平庸，追求多彩和多元化的生活，将是未来科技创新、商业创新、艺术创新的重要力量。

因为遵从内心的快乐，他们更加阳光、自信、勇敢，去除了中国人卑微、阴谋、懦弱的劣根性，将成为转型中国社会的重要推动力，将更加自信、勇敢地融入世界，领导未来。

作为市场研究者，我们相信，一切市场机会都来自消费者心灵深处的渴望，也许市场环境没有变，你的公司的产品没有变，但你的目标群体在悄然改变，如何深入理解这一未来的消费主导群体，建立与时俱进的产品创新战略和营销战略，或许读完这本书，你将有所启发。

作为社会研究者，我们相信，在崭新的一代成长起来时，学校的教育方式、政府的公共政策都应随之变化。也许你是90后的父母，也许你周围不乏90后的孩子，但代沟的存在以及个体抽样的偏差，个人的了解难以代替通过专业社会学研究方法对这一群体的深入研究。读完这本书，或许你会心有释然。

零点研究咨询集团业务总裁

自我认知：
有压力，但快乐、自信

47.8%的90后认为自己身材长相80分以上；
63.7%的90后认为自己生活自理能力80分以上；
60%的90后认为自己社交能力80分以上。

当90后对自己信心满满时，父母眼中的90后："那么多豆芽菜和小胖墩"，"不会炒菜做饭不会洗衣叠被"，"不懂人情世故"……谁眼中的90后更贴近真实？我们不在一个语言体系中！你说我胖或瘦，但我认为自己长得帅，因为我是唯一的！你的生活能力是待在家里洗衣做饭，我的生活能力是背起行囊云游四方；你的社交能力是人情世故，我的社交能力是一根网线联通四海朋友。我们，和你们不同！

青春：强健体魄让位绚丽外表

调查显示，近半数 90 后（47.8%）对自己身材长相的评分超过了 80 分，但近三成（28.6%）90 后用"我不生病，但总有疲惫、没精神、睡不醒和容易累的感觉"来描述自己的身体状况，仅有 63.7% 的 90 后认为自己的身体非常好，精神也很饱满。

我的身体我主宰：自信还是自由

聚光灯下的 80 后踏着正步走在奔三的路上，90 后带着更多的新鲜感也登上了青春的舞台。无所畏惧的自信是 90 后不息的动力，选秀活动里的 90 后"黑丝男"与"板寸女"颠覆着人们的视觉。大街小巷里年轻的"口罩族"、"露股族"、"镜框族"频频出现，也许有人觉得不堪入目，有人认为无法理喻，但这群小屁孩，不会在乎周围人的眼光。

据我们对 90 后的调查显示，将近半数人（47.8%）对自己的评分超过了 80 分，男生普遍比女生自我感觉更好，51.7% 的男生对自己的外貌打分超过了 80 分，而只有 43.9% 的女生给自己打出了 80 分以上的高分。而对外貌的评价也存在着地域差异：虽然北京、上海与广州，三个城市物质的充盈与时尚的潮流相差无几，但是广州的 90 后对

于自己的长相外表却似乎没有北京、上海 90 后那么自信。虽然在周星驰无厘头的恶搞文化中生长，但广州 90 后在评价自己的外貌身材时似乎更加务实。

70 后只敢在思想上冒出几个前卫的泡泡，不敢轻易体现在装扮上；80 后也许在装扮上可以疯一疯，但内心似乎总有一道樊篱在约束着行为；90 后则肆无忌惮地标榜专属自己的个人符号，不管是用怪异的发型、出位的衣着，还是不羁的语言。

青春的年纪，身体的每一个细胞都迸发着新鲜。身体是一个真实的存在，是所有情感、心理、精神和灵魂的家园。也许 70 后、80 后，以及更老的几代人习惯于抬头看天、低头读书、闭眼睡觉，从没有像 90 后这样审视和关注自己的外貌身材。2010 年，用自己的身体行走在艺术道路上的苏紫紫带着她 90 后独特的自信进入人们的视角。也许那些画面你不能超然地接受，也许对很多人来说她的每一句话语都带着利刺，但你不得不佩服她的自信与勇气。

这个时代需要一些人有不一样的看法和举动，唯有如此，社会才能进步！我去做真正的作品。身体是我的，我有选择的权利，加入和退出都由我。

——苏紫紫

其实，裸的不是身体，而是个性。出位也不是目的，向周围彰显自己拥有出位的权利才是他们真实的目的。90 后之所以有出位的言行，是因为他们对于自我、对于个性表达、对于我的一切我做主这些理念的彻头彻尾的认同。自我意识并不等于自私，也并不是一个贬义词，而对自己身体的关注正是 90 后群体的自我意识的萌芽。从集体理念里走来的人们，不要唾弃 90 后这样的萌动，也不要轻易遏制这些对生命原本的美的追求，毕竟个体的存在是最真实的体现，个体幸福的追求也从身体这个最初的起点开始吧。

"我去做真正的作品。身体是我的，我有选择的权利，加入和退出都由我。"

身体状况实堪忧：
让我们户外吧

　　同样，根据我们的调查，在 90 后青春绚丽的外表下，掩盖的是令人堪忧的身体状况。随着第一批 90 后大一新生入校，90 后的身体素质问题再次引发全社会的关注。2010 年，湖北经济学院有学生在军训第一天不幸猝死；中国海洋大学新生军训第一天，3 小时内有 20 多人昏倒或申请休息，军训教官感慨，每年都会有中途昏倒的学生，但今年这种情况格外多。

　　调查显示，近三成（28.6%）90 后表示"我不生病，但总有疲惫、没精神、睡不醒和容易累的感觉"，特别是年龄更小些的中学生群体，这一比例达 30.6%，而大学生群体为 26.6%。综合来说，仅有 63.7% 的 90 后认为自己的身体非常好，精神也很饱满。究其原因，这样的身体状况无非是压力与解压带来的双重代价。一方面，90 后面临着巨大的学业压力，适度的锻炼却是奢侈品；另一方面，在宝贵的休闲时间里，为了满足浓烈的好奇心，他们更倾向于把所有的精力都投入到上网、聊天、KTV 等缤纷活动的折腾中，沸腾的心在烈日下仍不尽兴，夜幕降临后热情仍继续激荡。熬夜已是 90 后的家常便饭，玩不够、睡不着往往是他们过点休息的理由，宁可天天带着熊猫眼，也不忍放弃娱乐安静睡去。"我们有的是好身体"，青春的精力总是旺盛；"为了不熬夜，我只好通宵了"，彰显着青春的无稽与疯癫。

　　越来越多的 90 后将放松等同于沉溺互联网。健身？户外活动？没时间！没精力！累死了！这是他们的借口。他们对身体的尽情挥霍，是青春的激励，也是少不更事的洒脱。他们不知疲惫地去畅快淋漓，主动和养生保健划清距离。其实，放松的方式有很多种，走出去、远足、攀登、眺望，收获的不仅是风景，更是健康的身心。也许现在跟 90 后说"身体是革命的本钱"略显滑稽，甚至老土，但青春既有令人羡慕的激情，也有令人心疼的娇嫩。如果压力再小一点，休闲方式更健康一点，或许，青春就会更绿色一点。

收获的不仅是风景
也是更健康的身心

骄傲我的骄傲

属于风的，那就去飞翔吧；属于海洋的，那就去汹涌吧。

属于我们的爱该来就来吧，为什么不敢呢？不要呢？

……

属于我的昨天之前的结局，我决定我的决定。

属于我的明天之后的憧憬，我迷信我的迷信。

——《属于》（歌词：陈没　歌手：梁静茹）

骄傲我的骄傲，生活我的生活

一份90后的简历，特长一栏里写着："善于研究淘宝的主题商品；善于观测星空；会跳国标舞"。可能你会觉得把"逛淘宝"当做特长简直是个笑话，但你也许还没意识到，能力的定义始终在随着时代而进化：60年代是干活麻利，工分多挣；70年代是又红又专，一呼百应；80年代是主意活泛，能折腾、有产出；90年代是托福高分，海外镀金。所以，你可别轻易对这份简历撇嘴，说不定咱们真的到了网购能力要摆上台面的时候呢。

但换句话说，进化归进化，敢大摇大摆地把这样的"特长"归为竞争力，需要的自信心可不是一点半点，能做到的恐怕也非90后莫属。本次调查显示，90后对自己各方面能力都给予了肯定，其中在生活自理能力与人际沟通能力上自我评价相对更高，六成多（63.7%，60%）打分在80分以上；相对而言，在洞察问题、组织领导、决策能力等更需阅历的方面自我评分稍低，但达到80分以上的也均有四成。

看到这样的结果，90后的父母和老师们也许会大跌眼镜吧？不会炒菜、懒得做饭、洗衣论斤、洗碗论筐、不屑砍价、月月精光的90后们，竟然把生活自理能力排在了首位。

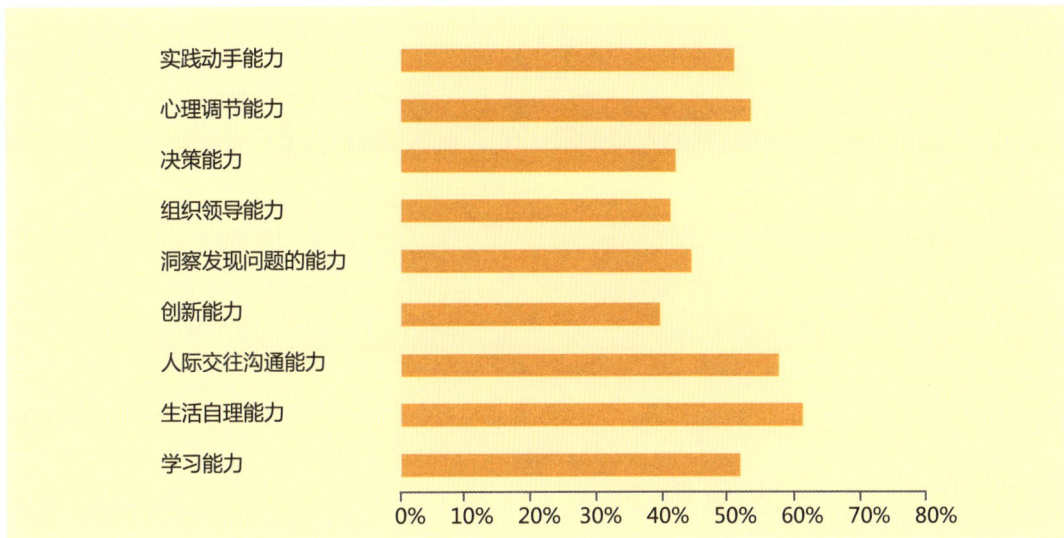

附图 90后对自己九大能力评分在80分及以上的比例

究竟这些在前辈眼中"四体不勤，五谷不分"的乖张小子们是怎么想的？——其中奥妙在于"自理"依旧，而"生活"已然不同。在90后眼中，洗衣做饭已是无足挂齿的小事，独立自主地经营酷派生活才是正解。

"本人90后，主流，具团队精神，最近打算去老挝露营，有没有人同行？"发帖的牛牛是一个典型的90后，热衷户外运动，希望自己的旅行经历越酷越好。他骄傲地说："无论去哪里，我都可以跟当地人一般，自如地在地铁里穿梭来去，并且找到又便宜又好的住所。"曾经在尼泊尔安纳普娜山的徒步行，是他旅游生涯最难忘的一段经历，一谈起这件事，他就眉飞色舞。"安纳普娜山健行有三条热门线路：一是布恩山小环线6天，二是安纳普娜大本营10天，三是大环线1个月。我选的是第二条线路。爸妈不能理解，也不放心，认为去那究竟有什么可看的，我告诉他们，乐趣就在翻山越岭。当妈妈发现我可以把旅程安排得很好，她觉得很惊讶，也因此对我更放心了。"也许可以这样说，90后口中的"自理"，已经跳过了"油盐酱"的物质生活，直奔"诗酒花"的精神生活而去了。

当人们担心这群小皇帝是否需要保姆去陪读大学时，他们已经独自走上了远行的路。在指责与怀疑中成长的他们，更具反叛的勇气和逆境向前的意志力，批评与质疑没有打击他们对自己的赞赏，反而更加激发他们对自己能力的挖掘。生活的理想模式已经完全不同，但同样是生活，又何必计较是哪一种！倒是作为前辈的我们需要仔细观察、谨慎思考，挖掘他们徒步穿越、发行专辑、制作杂志背后的那些闪亮财富。

网络泡沫化的社交能力

本次调查中，有六成90后对自己的人际交往能力给予了80分以上的评价，仅次于生活自理能力。同样，90后心中"人际交往能力"的内涵也已经发生转变。事实上，当我们开始拥有线上线下两个世界的时候，就应该预见到今天社交模式的变化。从电子邮件到即时通讯，从BBS到社交网络，从博客到微博，虚拟世界的社交模式快速裂变。2010年7月，Facebook创始人马克·扎克伯格(Mark Zuckerburg)宣布"电邮已死"，而如今甚至有专家预测，短信即将在这一代人手中消失。网络社交的泡沫迅速膨胀，新新人类又怎能不紧追潮流。

90后李毅星的房间几乎没有白天黑夜的差别。任何时候光临，必有一台电脑在窗帘微开的幽暗室内闪烁。下载视频、MP3，玩游戏，泡论坛，查资料，QQ，SNS网站，跟国内和国外的朋友们聊天。他去过的地方不多，却拥有全国各地甚至世界各地的朋友。"北京、上海、武汉、杭州，太多了，我们交朋友也不大看别人来自哪里，兴趣相投就会加好友聊天。"90后一代"生在电脑前，长在网络中"。他们是技术时代的宠儿，靠一根光纤电缆就能轻而易举地跟世界各个角落、各种肤色的陌生人结识，人与人之间的距离在渐渐突破"间隔6人"的原则，他们为地球村做出了最真实的解读。

"没人上街，不等于没人逛街"，淘宝的广告语恰到好处地提示了 90 后作为"网生代"已经坐拥丰富的社交资源，完全转入了"宅生活"。网络购物、网络会友、网络相亲、网络提问，甚至利用社交网络找工作，凡是需要与人打交道的活动，现在几乎都能通过网络完成。"听说海南香蕉降价，上淘宝吧"；"想念小邓子了，去人人看望她吧"；"桃花运不佳，上'百合'还是'珍爱'呢？要不还是发微博求关注吧"；"经常在我那里偷萝卜的那谁，好像是楼下公司的 HR 呢，不如传个简历吧"；"BETTY 雅上次在空间晒了她做的红烧肉，周末我要请教下"……在信息高速公路四通八达的今天，只有想不到的人，没有联系不到的人。

90 后作为含着网线出生的一代，或许已经习惯并将继续保持这种社交方式。皮尤研究中心 2010 年的调查结果显示，67% 的受访者预测，出生于 20 世纪 80 年代和 90年代的人到 2020 年仍将积极使用社交网络。为了保持联系，并充分利用社交、经济和政治机会，他们将继续"披露大量个人信息"。网络已经为他们建立圈子和个人声誉提供了渠道，经过充分的经营，这个网络与现实的网络或许一样不容舍弃。

但关上路由之后，有人开始担心 90 后的线下社交能力是否跟线上一样出色。当不能再敲"囧"字、不能发送表情、送礼物不能用 Q 币、买东西不能用旺旺，90 后能否一样应付自如？网络泡沫化了 90 后的"社会交往能力"，而网络沟通的技巧不能简单迁移至现实生活中，他们对现实生活中的"人际沟通能力"是否也感觉良好呢？本次调查发现，90 后大学生对自己人际交往能力的自我评价低于中学生（80 分及以上的比例分别是：大学生 54.9%，中学生 65.2%），而通常人们认为，大学中的社交环境能够部分折射现实生活，在其中生活的三四年，对 90 后现实人际交往能力是一个预检验。或许我们可以大胆推测，自评的下降，正是虚拟世界在向现实世界交接社交责任吧。

淡定快乐的 90 后

我比麦兜更快乐

如今，返老还童已经不再是爷爷奶奶们的梦想专利，怀旧也不只是 80 后独有的矫情，青春尚未过半的 90 后已经按捺不住想要穿越回童年的愿望，吃穿住用样样都趋向低龄化。童年的吸引力何在？恐怕不是"年少"二字能概括的，快乐、轻松、无忧才是它最致命的吸引力。

青春有别而快乐无异，90 后中依然不乏"伊壁鸠鲁主义"的死忠。在我们的调查中发现，无论是十年前的 80 后，还是现在的 90 后，均有超过六成人日常情绪主旋律是"快乐"（80 后：60.5%；90 后：66.5%）。12—14 岁的"后 90"群体，快乐比例更是达到了75.6%，这大概是因为这个年龄段的他们尚未经历花季的忐忑和雨季的忧伤吧。

如果有天可以走进动漫，我希望像小丸子、蜡笔小新、哆啦A梦一样没有烦恼，永远都那么开心。

—— 小蔡

Hip-Hop 吸引我的地方就是自然放松，里面的人都穿着肥肥大大的衣服，不是很拘束；现场的饶舌说唱也很自然，选手同台对抗，词都是临场发挥而不是事先写好的，对手说上一句，现场想下一句；涂鸦也很自然，是随手做的，没有一点刻意的修饰。

—— 小钟

一切皆有可能，坐看云卷云舒

根据零点集团 1999 年①针对当时中学生的调查结果以及此次调查结果，我们绘制了当初的 80 后和现在的 90 后的情绪地图。地图显示：无论是当初的 80 后还是现在的 90 后，快乐是青春不变的情绪主旋律；与 80 后相比，90 后有更多的"平静"（33.6%）、"从容"（31.5%）等情绪体验，但少了"渴望与等待"、"激动与兴奋"、"满足与庆幸"、"新鲜与刺激"等本该属于青春年华的情感体验。

2011 年 4 月 2 日是"快乐女生"长沙赛区首日报名的时间。与往年不同的是，人头攒动的热闹场面并未出现。9 个小时仅有 100 名左右的选手参与了报名全过程，其中大约 95% 是 90 后。相较于往届选手的惹眼表现，前来碰碰运气的参赛者反倒多出几分冷静②。见多了太多的一夜成名，90 后不再视选秀为阿拉丁神灯，比起现场，更多的人只是微博围观，曾经的神奇现在已经沦落到

①本书中 1999 年的中学生调查数据均来自于零点集团 1999 年发布的《寻酷一代——中学生文化研究报告》。
②资料来源：《潇湘晨报》。

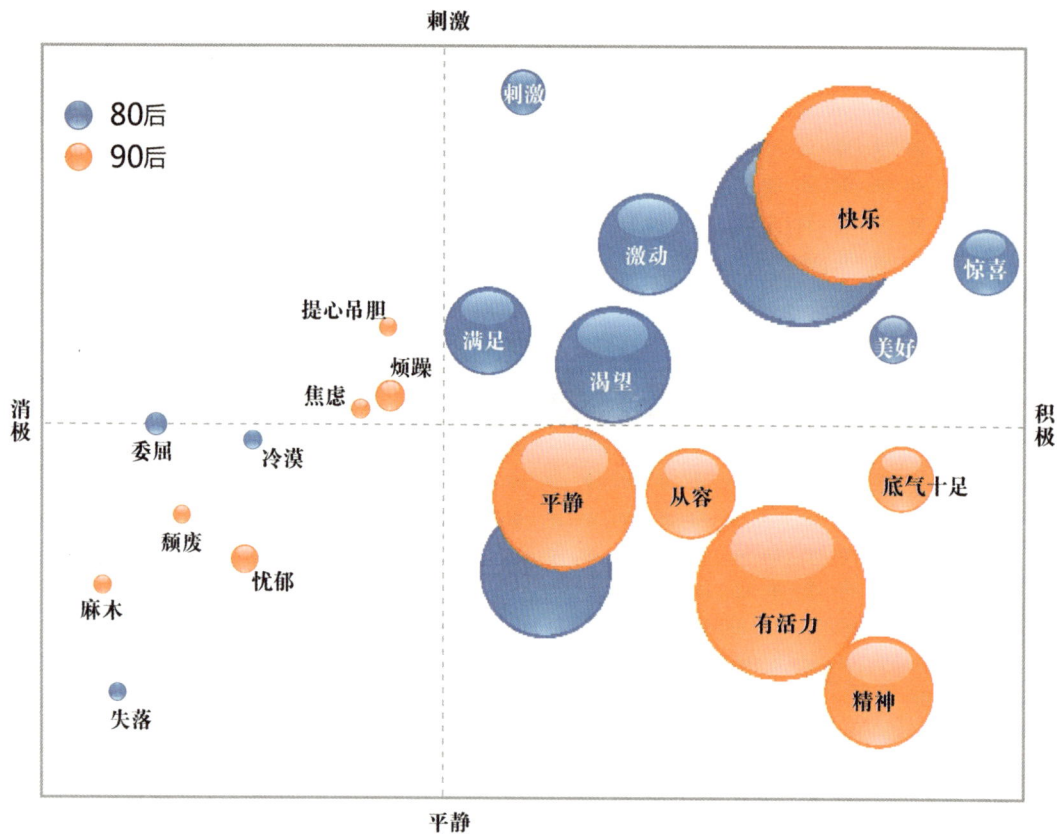

附图　80后和90后的情绪地图对比

了玩票儿的级别。"选秀是一座很窄的独木桥，来报名只是想有机会参与一下，能进入后面的比赛只能说是幸运，先玩高兴就可以了。"在同样以 90 后为主力军的杭州唱区，1992 年出生的快女选手沈秋然在将来计划中写下"考英语四级，然后好好找份工作，踏踏实实工作"。我们以为他们满脑子梦想，一点就着，谁知点过之后才发现，人家比我们更从容。

90 后的处变不惊，或许是在信息爆炸时代练就的铁布衫。这是一个 Google 街景地图风靡全球的时代，那些没见过、没听过、没尝过、没玩过的东西，都能够通过网络世界找到替代品，网恋就是最典型的例子。某种程度上说，那些前辈眼中的新鲜事，在他们看来已经见怪不怪了。一切皆有可能、万事手到擒来的时代，没有意外，自然也没有惊喜。而这样的变化，多少令我们有些失落。

但值得注意的是，这种失落或许只是我们杞人忧天，90 后并非排斥"惊喜"、"渴望"、"新鲜"这样的美好情感，只是他们能够感受这些情感的阈限提高了。因此他们努力追求离奇刺激，来填补日常生活的平淡无奇。人手一本《鬼吹灯》看到手软，对欢乐谷哪个项目最惊险了如指掌，鸡翅要吃"变态辣"才够过瘾，只要你能让 90 后感到新鲜意外，他们一定会买单。

90 后的愁滋味：学业、家庭两线牵

原本以为，想逗这些新新人类开心是件很难的事，但调查结果却让我们"萌得耳松"，原来这些小朋友还是地球人，他们的快乐很简单。"请问你最开心的事情是什么？"——"吃周黑鸭"；"发呆"；"看到可爱的宠物"；"睡个舒服觉"；"到海边吹风"。可见，想让90后快乐未必要使什么光鲜的大招，生活中点滴小事也能做到。90后对快乐浅表而单纯的理解，可能与他们的成长环境有关：物质生活和精神生活一样丰富，还在家中拥有不可小视的话语权。

温饱不愁，唯有学业是件难事，因为除了自己，没有谁能帮你化知识为力量。调查显示，"与学习和考试有关"的事最影响90

后的情绪（56.4%），作业多、考试成绩下降、挂科等都被评为最难过的事。

除了学习，人际关系问题也常常能左右他们的喜怒哀乐。其中与家人的关系排在首位（50%），其次是与朋友的关系（38.3%）。90后重视圈子和家庭，但在实际生活中还未能练就成熟的待人接物的态度，我们的调查显示，情绪化（如脾气不好、暴动、冲动）是90后们集体反思的缺点之首（27.2%），尤其是女生。而这样的缺点最容易影响到社交圈子中最内层的家人和朋友。

虽为少年，是否真的不识忧愁？我们的调查显示，近一成（9.7%）90后认为自己日常的情绪是忧郁的，其中"前90后"青年（12%）更为明显，另外还有5%左右的人选择用"烦躁"、"焦虑"、"颓废"来描述自己的情绪。另一个数据是，对自己心理调节能力评分在80分以下的90后有44.8%。由此可见，90后的心理健康工作，一定还有可发挥的空间。

成人礼前"遭遇战"

18 岁是成人的标志，不仅在法律意义上 18 岁以后就要对自己的行为负完全责任，在最基本的生理意义上，18 岁也意味着一个人身体的成熟。在这 18 岁的成人礼来临之前，身体的小宇宙在剧烈地变化，思想行为也跟着飘忽不定。与天真无邪的"六一"渐行渐远，逐渐靠近斗志昂扬的"五四"。你是否还记得《花季雨季》里的"青春时期的任何事情都是考验"？ 15 岁到 17 岁的花季雨季，承载满满的是成人之前的青涩与忐忑。

纠结中告别"萝莉"时代

处在青春后期的 90 后，每天都怀着新奇的心感受和期待身体的变化。变化总是带给人不安与躁动，年轻的心往往在不知所措中徘徊。你会发现他们慢慢不再调皮捣蛋，不再忙着整蛊作怪，对自己的外貌越来越关注，停留在镜子前的时间越来越长，对自己的服装穿着也越来越有想法。我们的调查显示，虽然他们正处于 15—17 岁的"花季"，但是他们对自己外貌的评价却是各年龄段最低的，仅有 44.1% 的人给自己打分超过 80 分，低于整体比例 47.8%。

随着身体结构和机能的变化，成长期的他们每天都在猜"我最终会变成什么样子呢"。男生原本白净的脸上今天长出了胡须，明天冒出了青春痘；女生也天天在脑海中画问号，羞涩的心情底下藏着对婀娜身姿的企盼。看下"百度知道"上面的留言，就会发现这里不乏十五六岁的孩子对成长秘诀和穿衣法则的提问：

15 岁的女孩应该怎样穿着打扮？ ——我性格安静，身高 162cm，81 斤（挺瘦的吧，呵呵）。我不是很白，小圆脸，眼睛挺大的，我应该怎么打扮好看些，我在上学，不要打扮得太特了，我不喜欢非主流打扮。

我身高 168，从 15 岁到 17 岁只长了 1 厘米多，我现在快 17 岁了还会长吗？能长多少？ ——回答得好我就给 30 分！

人们往往有种心理，对自己越在意的方面，越感到不满意。花季 90 后对自己身材外貌的变化更加敏感，有新奇也有担忧。其实，无论是嫌弃自己眼睛小，还是担心个头长不高，成长本身只是一种特殊的体验。无论人们眼中的 90 后是多么独特古怪，面对生理的年龄，他们这群"花季雨季"在告别萝莉时代也表现出与前几代人一样的纠结心情。

黎明前的黑暗，玩不起

15—17 岁的 90 后正处在高中学习阶段，白天黑夜的时间都在书本中溜走，分分秒秒都要用在学习上，睡觉都是一件奢侈的事。"我每天要在 6 点半之前到校，晚上还要上晚自习到十点，等回到家，再吃点东西，一忙活就到了 23:00，然后还得继续奋战啊，总感觉有太多的复习题、模拟试题需要做，这样一天忙下来，我都睡不到 6 个小时。"一个即将升入高三的 16 岁学生这样描述她现在的生活，抱怨没有充足的时间休息，花季的身体承受着高负荷的挑战。

学业的压力直接影响 15—17 岁 90 后的自我判断，据调查显示，这一年龄段的 90 后认为自己"自信"的比例（8.9%）较低；认为自己"懒散"（24.5%）、"消极抑郁"（16.7%）的比例明显高于其他年龄段；另外，在学习能力与生活自理能力上，15—17 岁的 90 后自我评价也相对较低。

"我能考上大学吗？"

"被别人喜欢是一种什么感觉呢？"

"我的理想是什么？"

"什么时候才算是长大啊？"

"为什么他们都比我优秀？"

"我不喜欢现在我这个懒散样！"

无数的问题开始盘旋在这些高中生的脑海中，他们面临的压力是双重的，不仅身体在快速变化，学习压力也在急剧增加，这是成长历程中"黎明前的黑暗"。他们对开心的奢望其实很简单：15—17岁90后中23.8%的人认为唱歌、旅游等休闲娱乐活动是他们眼里最开心的事，这一比例明显高于18岁以上的90后群体。

花季雨季的90后，他们是盼望长大，却又对童年恋恋不舍的一群人；他们是新奇个性，却又被迫每天穿着校服背着书包，埋头在书本作业里的一群人；他们有数不清的理想，心比天高却又往往被眼前一道数学题头疼得死去活来。他们站在成人门口前张望，需要家长和社会给予更多的沟通和交流，他们需要更加清楚地看到自己。

"我考不上大学该怎么办呢？"

成功观：
不求功成，但为过程

21.8%的90后认为只要奋斗了、体验了、坚持了，就是成功的人生；
28.7%的90后将周围普通人视作自己的成功榜样。

　　从来没有一个时代，草根文化如此盛行。近三成90后把父母家人或者隔壁大叔大妈视作自己成功的榜样。虽然有官二代、富二代、贫二代之分，但90后们相信：出身不能选择，命运自己掌握！只要努力，你有你的成功，我有我的精彩！"成王败寇"也不再适合90后，在他们心目中，结果固然重要，但过程中的奋斗与坚持、失败与挫折、体验与感动，更重要。

　　成功可以追求，幸福可以经营，事业与家庭是幸福的不二圆心，爱情与友情是幸福的必要点缀，90后也不例外。让我们略感意外的是，做一个对社会有价值的人、做一个品德高尚受人尊敬的人，也是不少90后所描绘的幸福人生。在物欲泛滥的当下，这一发现让我们心旷神怡。

成功：过程比结果 更重要

电视剧《奋斗》中年逾不惑的亿万富翁徐志森到最后才幡然醒悟："**你赚再多的钱在人生当中都只是无数的 0，有一个幸福的家庭这个 1，这些 0 才有价值。**"成功，从来没有一个明确的定义。也许对于徐志森而言，把什么都做成生意，做成赚钱的生意才算是成功；而在米莱心中，能抓住陆涛的爱，抑或是戒除对陆涛的爱就是最大的成功。那么在这群未出门槛已然先声夺人的 90 后心目中，怎样才算成功？

我们的研究显示，90 后更为重视过程中的收获而不是最终的成败，他们追求事业与家庭、金钱与声望的双重收获而不是顾此失彼或重彼轻此，他们推崇平凡生活中的成功榜样而不是高远帝国中的精英人士，他们讲究成功中的个人能力与努力而不是听任命运的主宰。

不以成败论英雄

　　在 90 后看来，成败没有绝对，惊天动地是成功，默默无闻未必不算成功，重要的是过程，是扛得住挫折，经得住磨砺，抵得住打击，最终毫无遗憾。真可谓是赤条条地来，坦荡荡地走。在我们的调查中，把过程而不是结果看成是成功标志的 90 后不在少数，认为"历经挫折，还能坚持"，"没有遗憾"，"经历丰富"的人才算成功的 90 后达 21.8%。

附表　90 后心目中的成功标志

成功标志	百分比（%）
家庭幸福	17.3
事业有成	16.3
有钱	14.1
受人尊敬	12.2
历经挫折，还能坚持	9.6
努力了，没有遗憾	7.4
有权有势	5.4
有名气	4.8
经历丰富	4.8
健康	3.8
公益，帮助他人	3.3

90后是在市场经济蓬勃发展中长大的一代，功利化、理性化是他们骨子里流淌的血液。而我们在看到他们对成功极度渴望的同时，也请不要疏忽了他们对于过程的看重。他们喜欢成功这个甘甜的果实，也享受着过程中的酸甜苦辣与点滴成长。

家庭与事业并重，金钱与名誉齐行

俗语道，鱼与熊掌不可兼得，而不按规矩出牌的90后可不这么认为。我们的调查显示，认为"家庭幸福"为成功标志的比例跟"事业有成"的比例相差无几，分居前两位。同样地，金钱与"受人崇敬"也似掌纹中的两条并驾齐驱的纵线，成为90后心目中重要的成功标志。

相比于"抓大放小"的点点观，90后更青睐"两相平衡"的面面观。他们渴望事业成功带来的兴奋，也绝不忽视家庭幸福带来的温馨；他们认可金钱的重要性，但绝不放弃名誉声望的奠定。他们可能尚未经历家庭与事业、金钱与道德的冲击，但他们坚定地相信两者之间能够平衡。而在保持平衡的同时，他们更相信用自己的双手来创造自己的生活。

我的生活我创造

90后出生于中国经济蓬勃发展及世界经济全球化的年代，他们听着Hip-Hop长大，看着选秀成长，论着创业升学，他们生活在一个激情又激越的年代，"nothing is impossible"正是他们内心的呐喊。他们更愿意也乐于用自己的双手闯出一片天，他们更推崇实实在在、平凡而又不平庸的成功榜样。家人、长辈或朋友等熟悉的平凡人以28.7%的提及率力压成功的企业家，成为90后心目中得票最高的成功榜样群体。

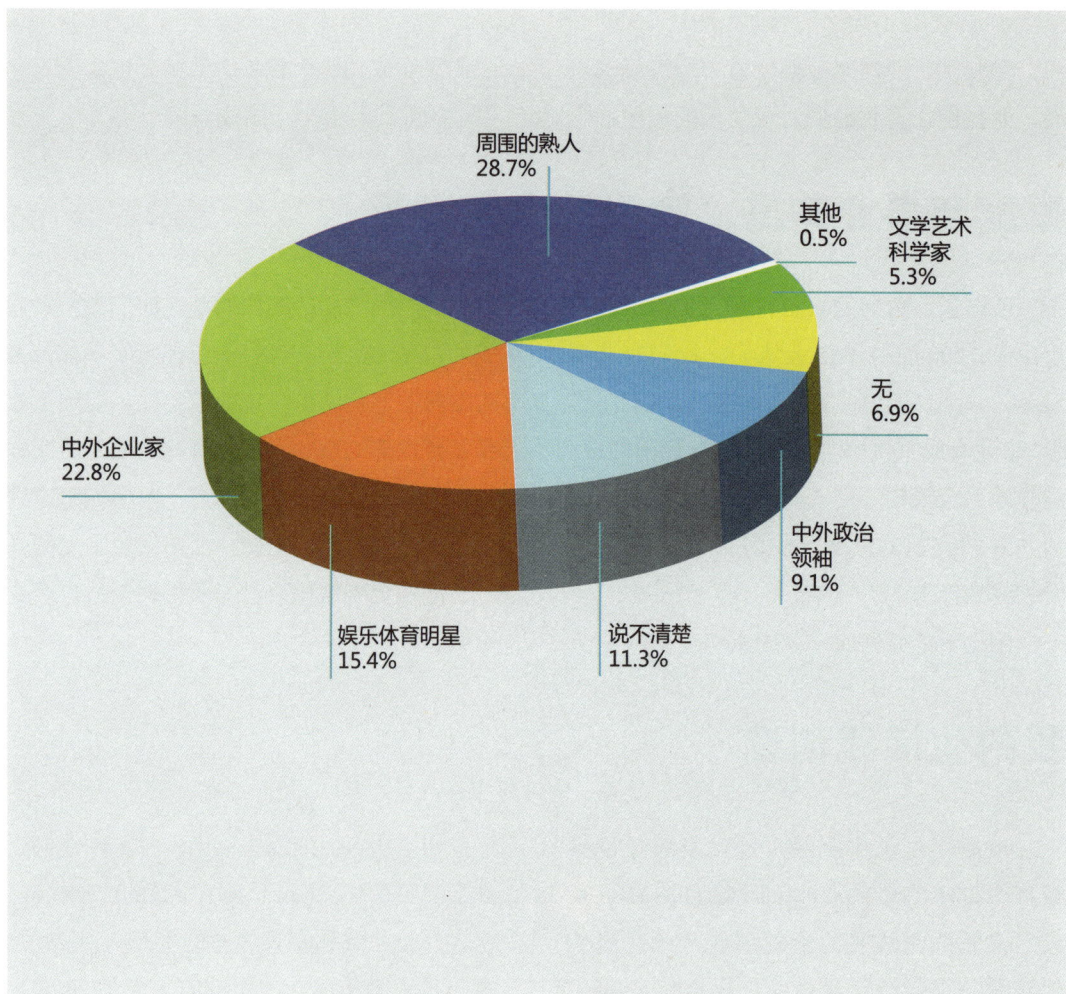

附图　90 后心目中的成功榜样

才干/知识/技能等 ████████████████████ 26.3%
机遇 ████████████████ 22.1%
勤奋努力 ████████████ 16.2%
人脉及社会关系 ███████████ 14.8%
运气 ███ 5.0%
命运 ███ 4.6%
出身背景 ███ 4.4%
钱 ██ 2.9%
权力和地位 ██ 2.8%
说不清楚/拒答 █ 1.0%

0%　5%　10%　15%　20%　25%　30%

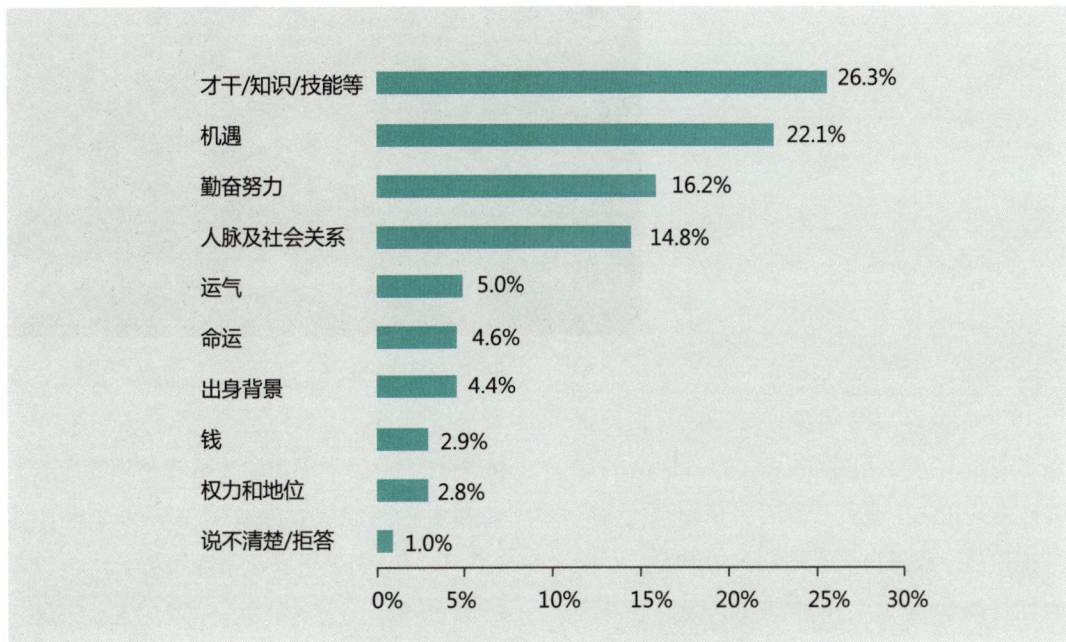

附图　90后认为成功最需要的条件

　　而对于成功之道，90后更相信自我的力量。相对于继大成的"守业者"，他们更喜欢白手起家的"开拓者"；相比于出身优厚的二代们，他们更青睐家庭贫寒的斗士；相较于成功者的天资聪明，他们更看重其背后曲折乃至辛酸的坚持不懈。正如一位90后所说的："世界上最成功的人就是比尔·盖茨。他很有名气，有很多资产，他是世界首富。最重要的，他是通过自己的奋斗得到的钱。如果是父母给予的钱财和名气，那不叫成功，而是运气。"在他们心中，真正的成功者敢于直面贫寒的出身，勇于改变多舛的命运，用自己的努力及才干开创自己的事业。

草根正当道

　　"草根"译自 grassroots 一词，最早产生于 19 世纪美国寻金热流行时期。草根一词包含三个特征：出生的无权性，生命的顽强性，分布的广泛性。同时，草根也代表着一种精神：依靠自己走出一条非常路。尽管人们普遍认为 90 后所能享受的物质条件已经比 60 后、70 后乃至 80 后好了很多，但在成功的道路上，看似娇嫩的 90 后却相当坚持草根精神，不求爹，不靠娘，坚持"怀精英之梦想，走草根之大道"。本次调查中，28.7% 的 90 后把父母家人或者是隔壁大叔大妈视作自己的成功榜样，在 1999 年的《寻酷一代——中学生文化研究报告》中，只有 8.9% 的孩子认为父母是最成功的人。"草根"文化对 90 后的影响由此可见一斑。

英雄不问出处，草根也有出路

　　关系网络运用一向被认为是优势基层获取资源的重要途径，90 后却更认同努力的重要性，72.9% 的 90 后大学生相信"如果努力，就有机会获得成功"。在 90 后看来，成功的模式从来不是固定的，他们更喜欢用自己的聪明才智与勤奋来换得自己的成功。2005 年对于湖南卫视、对于中国整个的娱乐发展模式都是意义非凡的一年。这一年通过一个叫做《超级女声》的节目，中国诞生了首位民选偶像——李宇春。这位出生于普通家庭的典型草根女生，成为《超级女声》——标榜着不分唱法、不计年龄、不论外形、不问地域，"想唱就唱"的草根选秀的冠军。尽管人们对于《超级女声》毁誉参半，但无可否认的是，这个受到年轻人追捧的节目给中国年青一代输入了一种强烈的观念：只要你有梦想，草根也能获得精彩。

我是草根，我有我的奋斗和精彩

朱小燕，一个再普通不过的90后工作者，在第九大道商城从事仓库管理工作。2011年1月14日，这个喜欢称自己为"偶"，把同学们写成"童鞋们"，用"灰常"代替"非常"，对老大表示喜欢用"稀饭"的90后女孩参加了腾讯网"中国人的一天"活动，晒出了她一天的工作。这个晒帖后来被推荐上了该网的首页，一天之内有上百万人关注了这位90后的工作记录：竞猜当天的订单量，爬上爬下找货品，为证明衣服标签的错误找老大理论，跟客服姐姐争论，扛衣服累得喊"欧码嘎"，上班期间去QQ农场偷菜，调侃自己的上司、同事乃至快递奥特曼大叔，代替客服姐姐接待客人……点点滴滴的记录让这位名不见经传的90后在网络迅速走红，一夜之间成为90后"草根偶像"。

朱小燕代表了相当一部分90后现在或未来初入职场的状态：从事最时尚的职业，却担着最基层的职位，还做着最琐碎的事情。但朱小燕用自己的行动宣告：我用火星文，我爱上网偷菜，我喜欢调侃，但我有原则、会沟通、懂坚持，我有自己的成功之道：不靠天，不靠地，不靠父母，我们靠的是自己的奋斗。

我是富二代，我不走寻常路

与朱小燕这个地地道道的草根偶像不同，丁仕源代表着另一类90后的经历。丁仕源出生在深圳一个富裕家庭，他是一个"富二代"。这个曾顶着扫把头、穿着窄脚裤招摇过市，无法无天的"混混"，如今开着宝马每天工作到深晚。19岁时他就已是"2009年中国大学生创业富豪榜"中唯一的90后。他的经历也成了传奇：从小桀骜不驯、叛离不羁，相当不成材，后遭到哥哥的一顿胖揍，一夜顿悟，立志改变自己。大胆而又坚持地旁听学习，辗转而细心地收集行业资料，耐心而又诚恳地与年长自己30岁的老总谈判……丁仕源，用自己的汗水与努力换来了事业的成功。当他开着自己一手一脚赚出来的车子奔事业时，这位曾被哥哥批为寄生虫的"小瘪三"终于可以腰板挺直地回应：我的生活靠的不是父母的成功，而是自己的双手！

丁仕源的成功告诉我们：我是90后，我是富二代，但我不靠爹娘，不走寻常路。当人们在批判90后不守规矩、叛逆的时候，往往忽视了这种精神骨子里的敢为天下先的魄力。相对于坐享其成或者是坚守父辈们打下来的江山，他们更喜欢另辟蹊径，用自己的聪明才智开创自己的王国。他们虽不是守大成者，却是开疆拓土的好手。虽为精英身，但求草根路。

一位受访的90后曾说："丁仕源本身的经历就很能代表90后，从小享受很好的物质条件，叛逆贪玩，不成熟，但最后他们会通过自己的坚持与努力成长起来，获得自己的成就。"这也许很能代表90后对自己的看法：我们可能曾经甚至现在不成熟，但我们在成长，我们会成长！

幸福：从"小我"及"大家"

　　有人说，90后是难以定义的一代，这一群体的复杂性与多变性让我们很难用一种方式、一套规范、一种概念去界定他们。他们被标签为自我主义，过于关注自我而忽视他人，想要的是独占而不是分享。而在幸福观中，我们却发现：90后在关注自我成功的同时，也渴望爱情与家庭的稳定，并且也不缺乏奉献精神。他们推崇"小我"与"大家"的平衡，自我实现与社会奉献的共存。

小我：做快乐的我，做平衡的我

　　"事业成功"是90后心目中幸福的重要标志，但在90后心目中，事业≠金钱。一方面，他们看重事业成功背后带来的良好的物质基础；另一方面，他们也追求甚至更看重事业奋斗过程中的精彩与收获。相对于卓越，他们更向往快乐的生活。而在追求事业成功的同时，90后也向往生活的安稳、家人的平安以及美丽的爱情。在使90后感到最开心的事情中，排在前五位的分别是：休闲娱乐（18.6%），跟朋友在一起（15.5%），学业顺利（13.9%），跟家人在一起（9.6%）以及获得成功（6.4%）。不难发现，在90后眼中，幸福不仅仅局限于成功，也表现为生活中的百花齐放；他们追求的不是创世伟业，不是惊天动地，而是快乐，现实的可抓住的快乐，家庭与事业平衡的快乐。正如一位 90 后所说的："我希望在事业和家庭中达到一种平衡。我的人生哲学就是老房（房玄龄）式哲学。自己尽量做好，但还要照顾到别人的心情。不需要太张扬，不需要很有名，做好自己的本职工作，发挥到自己的作用就可以了。大家都高兴挺好的。"在他们眼中，"工作是工作，生活是生活，生活完了就不需要再去想工作了，不要把工作和生活融在一起"。

而在追求家庭与事业平衡的同时，90 后也注重道德主义与功利主义的平衡。他们理解金钱、权力等外在条件的重要性，更不忽

附表　90 后心目中的幸福标志

幸福标志	百分比（%）
事业成功	33.0
生活平静，平平安安	16.4
获得爱情	13.6
道德高尚，受人尊敬	10.6
贡献社会	9.0
有知心朋友	8.1
有权有势	2.7
为共产主义奋斗	2.5
有钱	1.8
有宽敞的住房	0.8

视自我道德的提高，甚至相对于有权有势有钱的人，他们更希望自己成为道德高尚、受人尊敬的人。朋友选择是自我的一种投射与要求，在选择朋友时，"品行端正"超过"知识丰富"及"兴趣爱好相同"等成为90后最看重的标准。不难发现，90后真真是追求"鱼与熊掌兼得"的一代人，他们希望的不是顾此失彼，而是两相平衡中的快乐。

大家：推己及人，奉献也幸福

90后不爱口号，而是喜欢"just do it"；他们不推崇牺牲主义，而是崇尚在奉献中亦体现个人价值。在他们眼中，奉献意味着首先做好自己，其次不妨碍他人，最后才是力所能及地给予他人实实在在的帮助。在他们看来，真正的作为是"不应该为琐屑小事做无谓牺牲，应该想办法既保全他人，又不让自己受伤"，是贡献社会与自我实现的完美平衡。在90后的幸福观中，保持个人高尚的品德、奉献社会亦是幸福人生不可或缺的元素。此外，35.5%的90后表示他们担任过志愿者或做过义工。

　　改革开放 30 多年，既是中国经济腾飞的 30 多年，也是中国公民社会逐步形成的 30 多年。在这一过程中，80 后及 90 后集中体现了中国年青一代的精神品质。从护卫奥运火炬到支援汶川灾区，从奥运会的"鸟巢一代"到世博会的"小白菜"海宝一代，80 后及 90 后正喊出自己的声音：奉献不是口号，而是行动；奉献不是集体行动，而是自发的行为。

　　正如 90 后姚贝尔所说的："这一代人的身上有信息时代的烙印与中国的成长轨迹。见识得更多了，免不了要面对众多选择而迷茫；生活得更好了，免不了沉醉于自我欣赏、及时行乐中；成长得更快了，免不了流于求新、求快。"但也请别忘了，90 后这一代人也有信息时代自由与开放的烙印。见识多了，免不了更开放；生活好了，免不了更追求精神丰富；成长快了，免不了成就一代新人。而以志愿者为代表的社会行动模式将更好地促进 90 后一代的成长。时代变了，模式变了，是不是我们对 90 后的评价也要变一变呢？

以淡定求平衡的职场新秀

普通 80 后在职场尚未修成正果，90 后驾到的恐慌已经在 HR 之间耳口相传："职场跳蚤"、"拒绝加班"、"脆弱"、"自恋"、"轻视权威"……被前辈们贴了太多标签的他们，一定会搅动今后几年的求职季。2011 年，90 后第一批接受高等教育的毕业生将涌入职场，一边是雀跃的非主流，一边是焦虑的管理者和挑剔的某某后，双方都心知肚明：那些操着火星文的大部队，蓄势待发。

不再傲慢的职业理想

遥想当年作文课上，人人奋笔疾书《我的理想》，抓耳挠腮的姿态有百种，但文章内容整齐划一，通篇都在歌颂科学开拓者的神勇，偶尔有个大厨现身，必将遭到鞭策和耻笑。我们曾经傲慢地对待理想，却不知无根的花朵难长久。

今天，从小就被告知竞争为王道的 90 后们已经长大，他们的职业理想抹去了很多不切实际的虚荣，增添了不少张扬自我的锋芒和与现实接轨的理性。44.3% 的中学生把兴趣作为选择职业的第一标准，选择收入高、地位高和稳定的中学生也分别占两成左右。"初生牛犊"的冲劲儿加上"独"一代的霸

道带给了他们敢想、敢做、敢爱、敢出位的勇气。正如同样在 90 年代登陆中国的麦当劳，一声"I'M LOVIN' IT"（我就喜欢），不知道说出了多少 90 年代孩子的心声。

但与美国同龄人相比，中国 90 后从兴趣转化到工作的决心稍显不足，对就业容易程度的理性考虑削弱了他们的转化行动力。

一位 90 后男孩表示，如果不考虑高考的因素，足球评论员是他的理想工作，但面对现实，则会改选法律作为专业，因为律师就业情况好、待遇高。而美国一个与他同龄的一心想成为摇滚音乐家的男孩子则顾虑较少，这个美国男孩目前想得最多的是要怎样做才能在未来实现自己的理想职业目标[1]。

> 如果不考虑高考的因素，未来最希望做足球评论员，或者记者，因为能看到很多球星，还有出国见世面。但是，人得面对现实，如果大学选专业的话，我会选择法律。因为我同学说法律不用学数学，我不喜欢学数学，就打算学法律了。而且法律就业率好，好找工作，律师也不大会失业。
>
> ——中国 90 后

> My ideal carrier would be rocker. My friends and I have started a band but we haven't done anything great yet. Over the summer we can focus more on our music and maybe make some recordings.
>
> ——U.S. 90 generation

崇尚平衡的生活法则

在市场经济法则的推动下，90 后熟稔于寻找双赢和互惠的最佳点，在快乐至上的根本方针下，他们极度看重工作与生活平衡。

以一贯讨厌复杂化的行事风格，他们试图把繁复的生活和工作一举连接成通畅的环路，只要按下开关，就处处闪亮。但世事不是总

[1] 数据来源：零点集团于 2007 年发布的 *Shared and different aspects between Chinese and American teenagers*。

那么如意，倘若工作的代价是降低生活的丰富性，也许90后就不那么情愿了。

由此平衡法则出发，那些高喊性价比的求职者，那些将假期摆上谈判头条的生猛青年，不过是障眼法。抛开兴趣不谈，收入、地位和稳定性均博得了近两成90后青年的支持，因为这些都是工作与生活相平衡的必要条件。

他们并不是视工作为无意义的虚无派，33%的90后将事业成功视为人生最大的幸福，但谈起眼下，最快乐的事却是休闲娱乐。也许在追逐成功和及时享乐的矛盾态度上，每一代人都相同，"少年不识愁滋味"无可厚非。但明显的差别在于，他们更懂得讨价还价。"等价交换"早就击破了60后崇尚的"克己奉公"，化身为职场新真理。他们不愿轻易让生活中的其他事为工作让路，他们谨慎地选择，迂回地前进，努力寻找生活和工作的"双全法"。在当前的社会环境下，少数可能满足"双全法"的职业让90后趋之若鹜。从1999年到2011年，最有可能实现"钱闲双收"的公务员，在中学生的求职候选单上从最末位跃居前列，教师、医生在本年度的调查中分列前两位，与1999年相比排位都有上升，并且取代了在人们印象中工作和生活经常混乱颠倒的企业家和科学家。

如果有了工作，成功不成功无所谓。做个白领也好，坐办公室不用风吹日晒，工资也能有5000多。按时下班是非常重要的，因为要有自己的业余生活，可以遛狗、和朋友KTV、吃好吃的以及聊天。工作是为了挣钱，挣钱就是为了有时间享受的，没有时间快乐潇洒就太没意思了。

—— Candy

未来我想过一种好的生活。有钱、有房、有车，想要什么要什么，什么都能买得起。这些都是物质上的。也有精神上的，主要就是和家人生活幸福。精神和物质是并存的，先有物质条件才能有精神的东西。

—— Jack

我创故我在

2010 年，一部讲述商业奇才创业故事的电影《社交网络》大红大紫，影片原型 26 岁的马克·扎克伯格荣登《福布斯》2010 年世界最年轻亿万富翁首位，身价超过 40 亿美元。

影片火爆无非是因为故事传奇，而扎克伯格集成了一切成为传说的要素：草根（虽说是牙医和心理医生的后代，但起码不是政界、商界的精英）、白手起家、靠创意发家、非正统、富得流油、热衷公益，最最重要的是年轻。

有这样的榜样在，生性好刺激的 90 后怎么可能不为所动？ 2004 年至 2006 年爆发的选秀热潮带给 90 后最直接的影响就是把"草根"和"一切皆有可能"传递得非常到位。正如前文所述，90 后在职业追求中表现出价值多元化，自由、金钱、稳定、空闲时间他们样样想要，寻找一个让他们称心的雇主，恐怕也非易事。当问及对自己的未来最担心的问题时，63.8% 的 90 后表明是就业问题。

而在这种压力下，"一切皆有可能"的创业浪潮对富有行动力的 90 后有强大的感召力。

2011 年零点的相关调查发现，80 后对创业难度的评价在 60 年代至 90 年代人中最高，创业动机也相对被动。如果说 80 后是"人创我创"，则 90 后多信奉"我创故我在"，90 后表示"对创业一直比较向往"的比例最高（34.9%）。不管怎样，90 后创业的激情已经酝酿完毕。尽管 90 后的"小盆友"们心怀"初生牛犊"的勇气，但他们对创业难度的估计似乎过于乐观，约有三成的 90 后创业主意还没实施就流产，在各年龄段人群中所占比例最高。

如今，第一批受过高等教育的 90 后正待毕业，虽然尚未诞生像扎克伯格那样的有为青年，但这个时代的传奇从不让我们失望。有 94.8% 的 90 后表示更愿意靠自己奋斗而不靠家世，而平常不参加任何社会或社团活动的 90 后也只有一成左右，可以大胆推测，兼具奋斗勇气和卓越行动力的 90 后会在不久的将来，为我们倾情演绎草根神话。

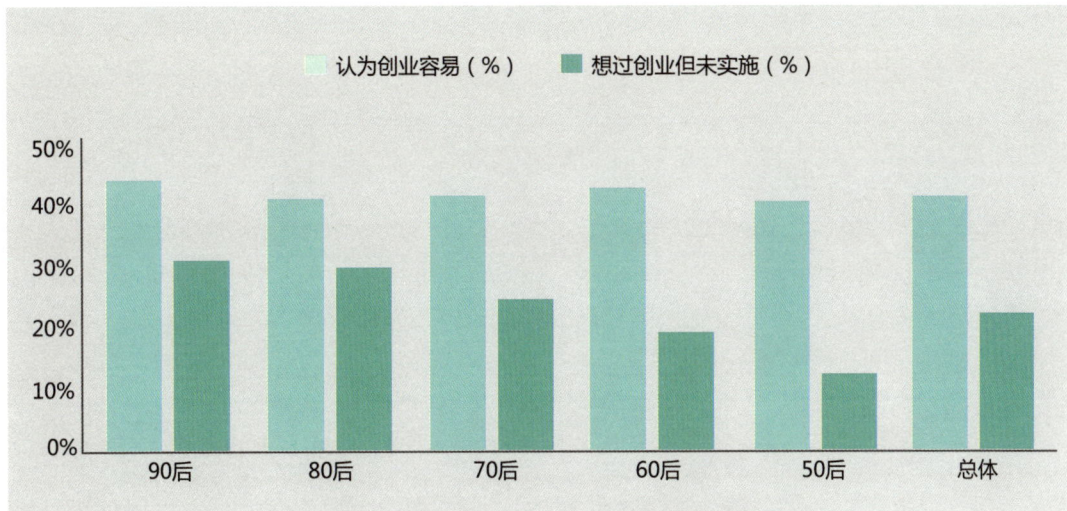

图例: 认为创业容易（%） 想过创业但未实施（%）

附图　50后至90后对创业难度的评价

谁是 90 后 "平衡法则" 的推手?

　　从 90 后新人类（12—14 岁）到 "大龄" 90 后（15—20 岁），择业标准首推兴趣的比例从 47.6% 下降至 41.3%。

　　从 90 后新人类（12—14 岁）到 "大龄" 90 后（15—20 岁），择业的第二标准从 "受人尊敬" 改为 "待遇好"。

　　2008 年，零点对普通城镇居民的调查发现，公务员、教师、医护人员位列最希望从事的职业的前三位，而且这三者也是父母最期望孩子从事的工作。

　　这不禁让我们困惑，90 后职业选择的淡定，有多少是时代留痕，又有多少是 "皮格马利翁效应"?

婚恋观：
婚姻与爱情是两码事

48.5%的90后认为"婚姻意味着爱和责任，离婚是不负责任的表现"；

72.1%的90后相信爱情的存在；

30.9%的90后认为如果有爱情，能够接受裸婚。

当80后创造出"闪婚"、"闪离"等概念时，90后则把婚姻和爱情分得清清楚楚：爱情是两个人的事，婚姻是两群人的事。所以，如果有感觉了那就恋爱吧！但离婚是对其他人不负责任的表现！

一个骑单车男人向一个想坐宝马的女人的当众表白，引发了2010年最热烈的关于爱情与金钱的讨论。在90后心目中，爱情和面包孰轻孰重？尽管超过六成90后认为"必须有一定物质基础才能结婚"，但依然有三成人宁愿为了爱情而裸婚。只是，不知这些愿意为爱而裸的90后们，在经历过成长的风风雨雨真正步入婚嫁年龄时，是否还能坚守这份对爱情的执著？

婚与恋：恋得爽快，婚要谨慎

　　2010 年，大闹世界的凤姐说："本人找伴侣，一不求帅，二不求富，但求同甘苦，共患难。"其后列出七大征婚条件，涉及学历、专业、长相、生育史、户籍、年龄和职业。且不论其具体条件的严苛以及此女抛出的种种雷派言论，单从其求偶思路讲，也算主流。当今坐在上岛品着咖啡的相亲男女，心中除了揣着凤姐的七大条件，房子、车子、存款、户口的小九九恐怕也盘算得紧，"四有青年"的现实解读频频博得众人点头。凤姐的小要求，只怕还是浮云。

　　生长在市场经济和竞争年代的 90 后，决计不会与凤姐的要求相同，正值花季的少男少女，努力把成人化的心智当成伪装，挑剔地打量着世人的爱情，爱情和婚姻岂是"但求同甘苦、共患难"就能一言蔽之的。

他们爱得很爽快

我们的调查结果显示，90后中仅有31.8%的人没有谈过恋爱。一些90后坦言，如果你初中还没谈恋爱，那就out了。如果你想拍着胸脯说，谁人没有年少轻狂，大概代代都一样吧，那么我要告诉你的是，80后在这次调查中有点悲催。23—25岁的80后中，没有谈过恋爱的比例是36.4%，比15—21岁的90后"小盆友"还高出3个百分点，这个差距，足以让在BBS鹊桥版游荡的80后男女们捶胸顿足了。

90后的孩子们也许会暗自偷笑，谁叫你们小腔小调搞纯情，还是学学后辈的热烈和豪放吧。袁岳先生曾说："也许这一代人，不知道什么叫不可为。"也许正是这种生猛的秉性，决定了他们的恋爱方式要轰轰烈烈。

分手？快速疗伤，继续做朋友；追求爱情？不管先来后到，有本事是王道。小眼睛一样可以扮靓妹，光光头一样可以做帅哥，一切开心就好。当我们问及他们眼中最土的事，"不懂爱情"、"只学习不谈恋爱"、"单相思"、"写情书"、"相亲"都榜上有名。此外，本次调查显示，90后中有50%的人每月恋爱花费超过100元，也许在他们彪悍的恋爱风格中，不出点钞票就想浪漫已经有些困难了吧。

无论90后是否有过恋爱史，均有两成左右的人不相信真爱。或许是青涩的爱情受到了挫折，抑或恋爱只是他们眼中的成长练习赛。48.3%的90后认为学校和老师需要开明对待"中学恋情"，帮助学生处理好学习和感情的矛盾。他们已经清楚地认识到，所谓爱情，本质还是成长。

两个人的恋爱，两群人的婚姻

高中时的后桌女生很粉黄磊，将来孩子的名字"思磊"、"念磊"起了一堆，被她带

着看《似水年华》，一起抱怨文和英的错过。现在想来，那是一个纯粹的成长故事，善良

的本意是让我们懂得爱的责任。90后对婚与恋的看法似乎比那时的我们要老成，他们能扒拉清楚理想恋爱对象和结婚对象各自应该具备的特点，婚姻对于双方家庭的意义、各自应当承担的责任也已经有了概念。在天涯论坛上，一位90后女孩晒出了给男友的婚前考题①：

......

4. 结婚后我会尊重你的父母，但是我也会有脾气不好的时候，也会有和你父母意见不合的时候，当我和你父母发生争执双方都不肯让步时，你会怎么做？

5. 你怎么调和你父母与我父母之间的关系？

6. 当我怀孕了，谁来照顾我？保姆？我妈？你妈？你？

7. 当我生孩子之后，谁来照顾我坐月子？保姆？我妈？你妈？你？

8. 孩子还小的时候，由谁抚养？我？保姆？我妈？你妈？你？我＋你？我＋保姆？我＋我妈？我＋你妈？保姆＋我妈？保姆＋你妈？我妈＋你妈？

......

可见，在90后眼中，相恋是两个人的事，婚姻是两群人的事，自60后到80后，爱情和婚姻的界线从未如此明晰。

对于没有爱情的婚姻是否应当结束，48.5%的90后是保守派，他们认为"婚姻意味着爱和责任，所以离婚是不负责任的表现"，小胜认为"没有爱情的婚姻是不道德的，应该结束"的90后（42.6%）。这个问题没有绝对的答案，两个阵营的对立，让我们看到90后成长过程中，对婚恋关系的思考和揣摩。再好的果子也需要成熟的时间，敢爱敢恨也无所谓对错，对于90后爱情的种种流言，我们或许不必恐慌，淡定旁观即可。

---

①摘自天涯论坛。

女生：男朋友就是要找一个我爱的人，结婚就是要找一个爱我的人。结婚对象是以家庭为中心的，男朋友是以爱情为中心的。可能我们不接受对方的家庭，但我们能够把所有的东西都 pass 掉，相互接受仅仅是之间的爱情。婚姻和爱情不同，婚姻要比爱情更持久。要保持这样一个漫长的婚姻必须要和男朋友不同。

男生：理想的女朋友不能太疯，得清纯，眼睛要像婴儿般天真，只要两个人在一起感情好，其他不用太考虑。但是理想源于现实，高于现实，所以想归想，估计这辈子我没戏了。我理想的结婚对象是不太在乎钱，就是不会主动要求你给她买这买那的。但是作为一个男人必须得有钱养活别人，这就是一个男人对家庭的责任。

大龄 90 后的裸婚焦虑

一个骑单车的男人向一个想要坐宝马的女人当众表白，引发了 2010 年最热烈生动的爱情与金钱大讨论。爱情和面包孰轻孰重？约三成 90 后选择了爱情，能够有条件地接受裸婚。但随着年龄的增长，他们开始重新审视这个问题。正如《十年》所唱，"如果对于明天没有要求，牵牵手就像旅游"，但现实的物质诱惑数不胜数，又有多少人能双手空空陪你走过下一段旅程？在小心权衡中，"大龄" 90 后对裸婚的接受度退缩了 8 个百分点，婚姻越近，焦躁越明显。对市场经济丛林法则耳熟能详的他们，没有勇气承担经济状况不确定的未来。现实的时代需要现实的爱情，谁能说这未尝不是一种谨慎的态度？与其理想幻灭之后互相伤害，不如在此之前冷静思考自己的选择。

四辈人看相亲节目《非诚勿扰》

60后：江苏卫视犯了导向性错误

非诚勿扰论坛网友（49岁）：马诺才20岁，从她的不光彩的表现看，她既无德又无才，既无貌又无美。自己还把自己估量得很高，主持人袒护她。这样江苏卫视就犯了导向性错误，好好想想，这样一个低素质的人，你们都要强推，是否会影响全国上亿的年轻人的前途？她们大多数还是学生啊……而这个马诺在表演什么名堂？

70后：人人都爱钱，但别迷失自我

非诚勿扰论坛网友（35岁）：毫无疑问，人人都爱钱，拜不拜只是程度多少而已。我认为在追求金钱的道路上，没有迷失自己和使自己沦落的人才是最可敬的人。

80后：用"拜金女"来引人关注是很可悲的

百度非诚勿扰吧网友（80后）：有些女孩们想通过"拜金女""粗口门"等方式来引起别人的注意，这是一种很可悲的现象。纵使能通过这种途径获得暂时的物质和精神上的满足，然而天长日久，她们终会被更繁多更年轻的姑娘们替代。

90后：马诺的要求很平常

百度贴吧网友（90后）：作为一个生活在一线城市的90后女生，我真的觉得马诺的要求很平常，一辆宝马一个房……说真的，"在宝马里哭泣"——这要求很低了，像我一死党说的"马诺那要求这么低？我，我TM要在法拉利里大笑"。我觉得马诺有这个资本！要脸有脸，要身材有身材。很实在，要求也不算高。宝马的话，现在不到30万就可以买到了，如果你连这30万都没有，你娶什么好女孩？现在的女孩不是"物质"，而是"现实"！

同志：90 后叛逆者的红苹果

> 如果确定不了到底爱谁，那就先恋爱；如果确定不了是否恋爱，那就先同居。
>
> ——90后非主流语录

别让无知变无畏

盘点近年的校园门事件绝对是挑战神经的事，仅根据某媒体的不完全统计，能上升至"门"级别的"校园性事"就多达一二十件。性本身没有错，但果子吃得太早，会不会拉肚子便成了值得担心的问题。中国正处于社会意识多元化膨胀和转型的时期，成长于这个"不安分"年代的90后，怎么肯乖乖当

个保守派？

西方人婚前性伴侣的数目较多是公认的，但一旦步入婚姻，性与爱和责任就紧密联系，不再享有充分自由。每一部美剧里，求婚，甚至说出"I love you"似乎比发生性关系要谨慎得多。也许，重视性、爱、责任这三者关系的搭建，才能够得到健康的性开

放。但在我们的调查中，近三成孩子认为"性爱可以独立于精神之爱而单独存在"，这与我国传统的性爱观念相去甚远。值得注意的是，持有这一看法最多的是 12—14 岁的孩子（27.6%）。而零点集团 1999 年的调查显示，有 67% 的中学生在提及"做爱／性行为"时有厌恶感，17.2% 的人会有好奇感觉，仅有 3.1% 的人有尝试欲望。可见，与当年的 80 后相比，90 后对性的"好感"大大增加了。

"看上去很美"的性对 90 后无疑有很大的诱惑，能驱动"性"的已经不只是荷尔蒙，追求群体认同、树立"个性"形象，甚至是交换魔兽装备都能让其发生。所以有了为证明自己是非主流而以身试"性"的冯仰妍。有人把一切归咎于互联网，但引导 90 后正确处理性爱关系岂是一个绿坝软件就能解决的？性教育的缺位难道不该摆在头排？

从我们 1999 年和 2011 年调查得到的性教育获取渠道的结果看，90 后能否科学接受性教育尚存疑问，在校中学生对于性知识的总体了解水平偏低的情况十年来未必有所改善。调查结果显示，父母亲友的性教育缺位最严重，始终倒数，仅有 5% 左右；与 1999 年相比，90 后从学校接受正式性教育的比例下降了近 20 个百分点（61.2% → 42.8%）；这可能与网络成为第三大性教育渠道有关（34%）；从男女朋友那里学习的比例虽然不高，但有所增长（8.7%）。

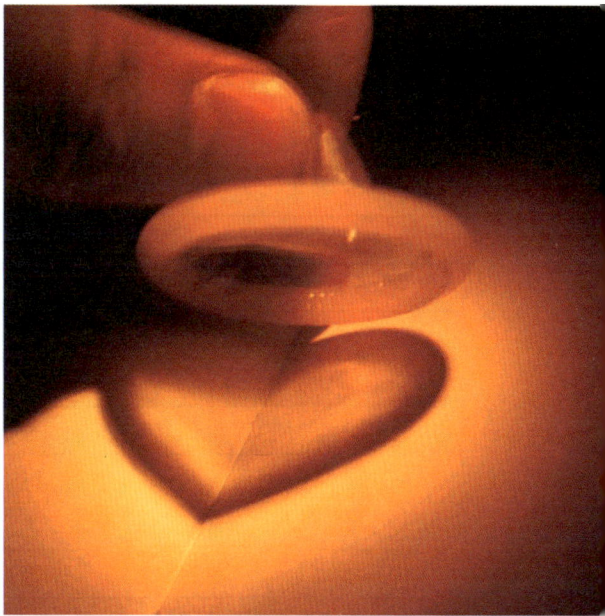

附表 80后和90后了解到性知识的主要途径对比

了解性知识的主要途径	80 后当年 (%)	90 后现在 (%)
上课 / 老师讲的 / 教科书中的	61.2	42.8
同学间的交流	41.7	38.1
报刊等正式媒体	30.7	11.3
VCD/ 电影 / 电视	22.1	10.2
自己领悟到的	13.7	5.1
和同学以外的其他朋友的交流	12.3	23.5
一些专门的书籍	12.3	13.9
父母或其他亲友	11.4	5.1
摊头的书报	6.9	2.5
男 / 女朋友	5.8	8.7
个人的直接经验	2.4	2.5
网络	<1.1	34.0

面对90后的N重门，更好的性教育何时亮剑？美国《综合性学校性教育指导纲要》中关于"幼稚园到十二年级"的界定，就足以让我们汗颜。也许我们需要的既不是人流无痛的传说，也不是一时的守贞倡议，不管是教育方还是受教育方，成熟行为的炼成还有很长的路要走。

同志：90 后叛逆者的红苹果

我还是很反感现在很多的 90 后成天拿 les（女同性恋）当做一件光荣的事，引以为豪地在空间 BLOG 里面展示自己跟女友的非主流照片，并幻想着中国会成为同性恋的天下，（她们是）要自由要民主的 2B，却对父母的不理解和伤痛嗤之以鼻。

——某 80 后女同性恋者

当今世界神马最潮？腐女爱耽美，腐男控百合。在 90 后认为最潮的事情当中，同性恋、整容、变装和变性都榜上有名。家长老师们要想跟上潮流，还得好好补补课。男人分弯直，女人分攻受，这恐怕是我老爸那一辈人从未想过的事。

尽管罗素先生说：参差不齐，乃是幸福的本源。但 90 后的"参差"，究竟是同性爱慕大爆发，还是青春叛逆的小尾巴，还得走着瞧。在我们的调查中，66.4% 的 90 后看待同性恋的态度比较冷静，表示理解或在一定程度上接受。此外，力顶同志并希望他们得到社会认可的约有一成。随着年龄的增长，90 后对同性恋的态度更加中立，指认其为"病态"的激进派和力主"完全接受"的民主派数量均有减少的趋势。这不得不让我们怀疑，所谓的"同性恋"会不会只是90后摆出的迷魂阵？

电影《艋舺》里说，风往哪边吹，草就往哪边倒。年轻的时候我也以为自己是风，等到遍体鳞伤以后，才知道，原来我们都是草。90后这群草，在日本漫画和风西渐的环境下长大。哪个中学周边的租书屋，没有几本同性恋题材的漫画？歌颂精神之爱的同时，不忘偶尔用些露骨场景提点后辈。正如网友所说，"媒体对他们的影响太大了，电视、网络、漫画、杂志、电子书、动漫电影多到不行，自然就有好奇心了"。同性恋的产生至今未有定论，但在青春期过多接触这样活灵活现的同志教育，被收编的可能性也许真的会增加。

这种收编，未必是性取向的转变，更多的是对"同志"文化的追随。他们从骨子里就要追求个性和自我，乐于变得反叛和与众不同，被异性爱慕有什么了不起，和同性卿卿我我岂不更酷？他们就是要享受那些从四面八方射来的目光。尤其是在老师和家长严防死守"早恋"的时候，还有比在他们眼皮底下谈一场同性恋更酷的事情吗？

一边是形形色色的拉拢和诱惑，一边是条条框框的禁忌和不信任，90后潮男潮女的力比多导向此处也不完全是意外。真正的弯男和拉拉，并不需要用这样的方式来标榜自己，倘若确非凡人，那我们倒要庆幸这种潮流对他们的保护了。我们并不歧视少数，但我们也想保护大多数。

看到洛洛和夏河清纯的写真，多数人都会忍不住问为什么。如果那真是他们的内心向往，我们没有理由不祝福，但如果那只是一个残酷的玩笑，我们又怎能笑得出来？风，你到底要往哪里吹？

我为什么喜欢同性恋情?

百度 90 后吧友:因为他们爱出风头!想拔尖!这年头不都流行"非猪牛"吗?让他们非去吧,到了该到的年龄什么都会明白!当然后悔也晚了。

百度 90 后吧友:我们学校早恋抓得特别严,结果导致学校出了好多同性恋……给这社会造成了巨大的困扰。

网友:BL、GL 这些都是开放式话题,我们时常拿来讨论,看到谁和谁外貌登对,我们还会背地里帮他们相互配对。因为好男生就应该有男朋友,好女生也应该有好女友。再说,男男或者女女在一起也不容易被家长和老师发现。

国家观：
无论如何，我爱你！

94.3%的90后中学生表示"作为中国人，很自豪"！
69.8%的90后表示不喜欢日本。

对于祖国，90后有着一贯不变的情结，我们称之为爱国主义，这是一种与生俱来的东西。但是如果你据此以为90后偏执、疯狂、不讲理，那你就错了。90后爱祖国但不盲目，环境保护、贫富差距，诸多社会问题，他们都看得明白；就是进行司法改革、社保改革等，他们也不要封闭，去找美国做榜样；日本与中国对着来，可日本的产品，他们照收不误。一句话，好大的心胸！

美国左边，日本右边

有国家，无国界——《新周刊》如此形容90后。作为温室里生长的"豆芽菜"，他们拥有与世界连通的条件，一个链接便可知晓大洋彼岸的国际动态。他们用被世界改变了的思维评判、审视自己的国度、文化和周遭，从而感染了为中国和世界说点什么的欲望……

学习美国好榜样

我们反美，爱美，再反美，又爱美，反复的日子充斥着每一代人的记忆。在90后这一代，对美的感情又一次定格在了爱美上。近六成（58.1%）90后对美国充满了喜爱，而据零点集团1999年《寻酷一代——中学生文化研究报告》显示，80后当年喜爱美国的比例仅为26.5%。可以说，50年代的人做梦也想不到的事情现在发生了。时代总比人走得快，现在没有人想把美国从地图上抹去，哪怕它是帝国主义，哪怕它曾欺负过中国。世界本来就是多元的，我们要做的只有尊重和包容。在未来 5 至 10 年，认为中美关系合作与紧张共存的 90 后比例高达 51.2%，而这才是中美关系的真谛。如果美国在台湾问题上来个大姿态，甩手不管了，估摸着合作的余地就更多了。

现在我们不再"宁要社会主义的草，不要资本主义的苗"。我们看上了"外国的月亮"。学司法，找美国（49.9%）；学社保，还找美国（41.9%）。有个标杆，可以少摸索，少花钱，何乐而不为？榜样的力量是无穷的。

这个榜样是否能够长久地发挥旗帜作用呢？答案是肯定的。"美国治下的和平"仍将更大范围和程度上主宰这个光怪陆离的世界。近一半（46.4%）的 90 后坚信，未来 5 至 10 年，无论在经济还是军事上，美国仍然是当之无愧的世界霸主。70 后听到"美国"两字冒出的第一个词汇就是"美帝国主义"；80 后当年对美国的看法则有点纠结，一方面，

将美国冠名为霸权先生和世界警察，埋怨其爱管闲事，另一方面，则对美国的文化和教育欣然向往之，NBA、哈佛大学围观得不亦乐乎。而现在 90 后却亲切地将美国称为"山姆大叔"和"米国"，几个字差异的称呼转变，凸显的是不同代际的人对美国的复杂感情，以及 90 后这群世界公民内心对美国榜样身份的认可。

日本人我不待见

近七成（69.8%）90 后表示对日本没有好感，菅直人这位悲催的首相，对中国没有做过什么，却有超过六成（63.6%）90 后不喜欢他。惨痛的历史，惨痛历史下蛮横的态度，蛮横态度下国人的情绪，开花生叶似地感染了 90 后。要不怎么想象，一个个手拿 PSP、看日本动漫、穿日系服装、哈日本偶像的 90 后，会有这么多人表示不喜欢这个国家？我本来想用冰来形容，但是用冰这个词够吗？冰可以融化，而中日情绪在终 90 后一世会回暖吗？

我们希望会，但这也许仅仅是一个希望吧。与90后一样，零点集团1999年《寻酷一代——中学生文化研究报告》显示：当年同样有过半数的80后（53.5%）对日本没有好感。在他们看来，日本代表的是侵略歧视和霸权野心，靖国神社是烫在他们心中的一块伤疤，时刻都有被触痛的可能性。2001年，赵薇为《时装》杂志拍摄的一张酷似日本军旗的服装图片引起了巨大争议，粉丝群情汹涌，一度令其演艺事业跌入谷底。2004年，张越在主持央视一套《半边天》节目时戴了一条印有日本国旗的围巾，节目播出后遭到全国"越迷"的大肆攻击。80后和90后便是这些"明星粉"和"信息粉"的主体。

我们常说，没有无缘无故的爱，更没有无缘无故的恨。90后群体厌恶日本需要理由么？需要么？不需要么？这是一个令人纠结的话题。历史的车轮在前进，话题的答案已经显得不那么重要，重要的是作为祖国下一代的90后群体应该如何看待与我们一衣带水的邻邦。记得一位"砖家"曾经说过，在欧洲，俄国对英国的不信任感是根深蒂固的。希望在亚洲，中日之间不要上演同样的历史悲剧才好。

中国，我爱你爱得深沉

　　90 后经常被外界冠以"非主流群体"的称号，这是因为他们的"火星语"在人们看来有点离经叛道。人们在感叹他们惊世骇俗言行的同时，试着去了解这个活力四射的群体，却发现自己完完整整地被他们给"忽悠"了。对于国家现状和前途的评估，90 后群体表现出的老到和专业精神让戴着"有色眼镜"的我们刮目相看，也许，是到了我们对他们改变看法的时候了。

我是中国人，我自豪

　　你是这样定义 90 后的吗？一群标榜自我的人，吃着外国快餐长大，喜欢在虚拟的网络世界里快意恩仇；不会唱革命歌曲，不会吟诵毛主席语录，只知道漫无目的地激情澎湃。那你错了。奥运会上，被定义为"鸟巢一代"的 90 后，或积极作为志愿者，向世界展示中国青年的风采，或活跃在观众席中加油助威，心中默念"中国必胜"；汶川地震树立了 90 后勇敢、独立、坚强的一面，被誉为"最可爱的一代"；世博会上"小白菜"的完美服务，向世界展示了一场无与伦比的盛会，也昭告了 90 后的与众不同。

　　90 后尽管表面行为乖张、玩世不恭，但是在面对国家盛世和灾难时却表现出强大的集体认同感：一样的泪，一样的痛，曾经的苦难留在他们心中；一样的血，一样的种，未来还有梦他们一起开拓。不管你是否承认，这就是他们的行为方式。各有超过九成的大学生和中学生觉得作

为一个中国人很自豪，其中表示非常自豪的比例均在半数左右（54.9% 和 47.4%）。这份厚重的国家归属感，你可曾知道？更有近八成（79.4%）90 后相信中国的强大，这份饱满的民族自信心，你又可曾知道？

是世博会成就了 90 后"光鲜"的一面，还是 90 后精彩的表现成就了无与伦比的世博会？

我是凡人，我忧国

哈罗德在《荒漠之死》一书中写道：一个时代的人们不是担起属于他们时代的变革的重负，便是在它的压力下死于荒野。每个时代的新一代似乎总会受到特别的关注，因为他们身上被打上了属于这个时代的鲜明烙印。"位卑未敢忘忧国，事定犹须待阖棺"，这一千古绝唱仿佛一瞬间穿越到现在，在 90 后身上展现得淋漓尽致。

70 后、80 后走过了被特别关注的时代，90 后正逢其时。"垮掉的一代"这样一个大大的标签让 90 后感到莫名其妙和无所适从，他们真的对社会漠不关心吗？不，他们决心重铸话语权。

我们看到，随着年龄和社会阅历的增加，90 后对中国国力的认识渐趋理性和成熟，认为中国国际地位非常强大的比例从 12—14 岁的 25.6% 下降到 21—22 岁的 4.5%，他们在一步步成熟。而对于祖国发展过程中存在的问题，他们亦有理性认知，分别有 39.5% 和 43.7% 的 90 后认为中国未来五年在贫富差距和环境污染问题上会有恶化。

曾经轰动一时的畅销书《别以为我们不知道》，唱响了新时代的"少年中国说"。他们在集束亮相、如风带点、狂爽利落、毕恭毕敬地对百年前梁公致敬的同时，更向成人世界发出了集体呐喊。这一集体呐喊谁说不是正中靶心呢？没有见过历史坎坷，没有遇过政治动荡，又能如何？别以为我们什么都不知道，其实我们什么都知道。

对于刚刚奔二的 90 后来说，他们爱国，但不盲目，而是增添了更多理性的味道。"为什么我的眼里常含泪水，因为我对这土地爱得深沉"，也许艾青的诗可以更好地诠释 90

后的爱国情怀。

　　90 后群体比我们的先辈更早地了解这个世界，对未知的诚惶诚恐早已成为过眼云烟。

《别以为我们不知道》这本书能够成为畅销书就足以证明他们日益成长的话语权。

日本 时代 国家 认为 需要 强大 国 中学生 人们 比例 超过 同时 帝国主义 关系 喜爱 是否 节目 话语 呐喊 服装 集体 历史 融化 喜欢 态度 显示 理性 定义 文化 爱美 表现 成为 特别 纠结 惨痛 看来 成就 研究 关注 合作 能够 展示 深沉 社会 作为 以为 问题 集团 面对 群体 希望 国际 世界 成熟 零点 答案 重要 感受 表示 一代 自豪 蛮横 命题 改变 霸权 行为 了解

消费观：

崇尚"我"标签的"经济人"

70.0%的90后认为价格与品质并重；
84.3%的90后对自己的服装消费拥有决策权；
47.3%的90后更重视产品独特化的外观消费。

　　消费中的90后，虽然窘迫于有限的现实购买力与超前消费理念的冲突，但因为生长环境的大不同，90后身上也打上了独特的印记——"经济人"、"我标签"。

　　经济人：90后崇尚"买对不买贵"、"品质与价格兼得"、"品牌与实用不分"的消费理念，是善于考量的精明一代。

　　我标签：自我意识觉醒加之感官时代的到来，只有绚丽的色彩和强烈视觉冲击力的设计才能进入90后的法眼。在他们看来，"我标签"的法宝口号是：我的和你的就是不一样！

消费：谁说我们不算计

　　虽未赚取一分一毫，但 90 后可支配的金钱数量以及在家庭中拥有的决策权都不容小觑。我们的研究数据显示：90 后中学生 2010 年春节人均收获 1922.9 元压岁钱，并且可获得的额外零花钱为每月 382.3 元（1999 年同龄 80 后中学生可获得的零花钱为 67.7 元 / 月）；此外，在家庭中，不管是日常生活用品，还是电子数码产品，抑或是诸如车子、房子之类的大宗消费品，90 后都有三成以上的决策权。相对于 80 后或更早的几代人，物质条件更为丰厚的 90 后更能花钱，也更愿意花钱。而在很多人眼中，90 后似乎是一群盲目消费的主：认大牌，追时尚，烦千篇一律，求日日更新。但我们的数据将会告诉大家：90 后不是盲目消费的动物，而是精明实在的"经济人"，90 后的消费理性有章可循，有迹可查。

鱼与熊掌要兼得的精明一代

如果说 80 后是抱着电视长大的一代，那么 90 后就是衔着鼠标出生的一代。网络的发达使得他们不仅聊起世界各大品牌来如数家珍，中国经济腾飞所带来的家庭物质条件的提高则让 90 后对世界品牌不再停留在"可望而不可即"的层面上，他们是真正的全球品牌"一体化"：吃着麦当劳，用着诺基亚，穿着耐克，看着美剧……品牌使用的多样化，用品更新的常态化，使得 90 后给公众留下了：多情而博爱，花心而不专一的消费印象。

感性的认识不一定可信，通过定量化的数据统计，我们发现，90 后继承甚至发扬了 80 后精明消费的作风：45.3% 的 80 后中学生认同自己喜欢货比三家，63.3% 的人对折扣保持观望态度；而 90 后消费既看重品质，

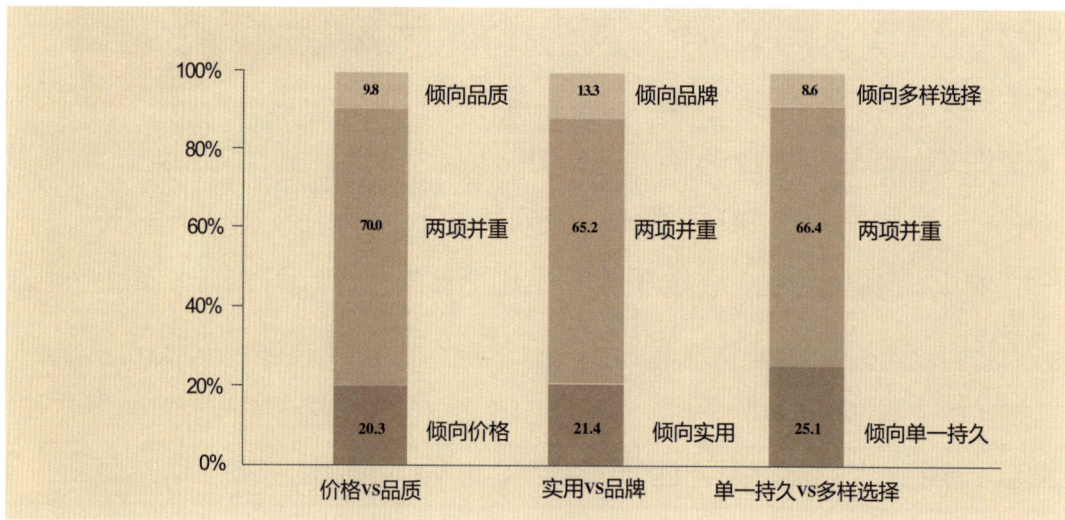

附图　90 后消费倾向图

又考虑价格；不但重视品牌，也关注实用性；既认可多样选择，也赞同单一持久。在两项并重的基础上，他们更倾向于实用、实惠而又持久的商品。

鱼与熊掌对于 90 后来说，从来不是选择而是兼得。依靠经济发展提供的多选择的商品，依赖全球化带来的强烈便利，倚仗强悍的信息搜索能力，90 后可以尽情地享受"淘"尽天下物品的乐趣。他们可以货比千家，从价格、品质、外观、实用等多方面进行考量，找到"美貌与品质并重，价格与档次齐飞"的产品。不同于新兴炫富阶层对品牌的盲目崇拜，90 后心中的品牌不仅仅是一个符号，更多地意味着产品的综合得分高。与其说 90 后钟情于品牌，不如说他们爱的是品牌背后的"性价比"。

90 后的信用卡：拥有不等于使用

"爹妈这边存，孩子那边刷，刷得学生红了眼，刷得爹娘昏了头，刷得债务筑成墙……"这是曾经流传于网络的一段关于大学生使用信用卡的顺口溜。信用卡的使用在一定程度上改变了无收入、无工作的大学生的消费观念，这种"预支未来"的消费理念极大地促发了学生的消费欲望。

虽然 52.1% 的 90 后拥有信用卡，但拥有不等于使用，尤其是经常使用。我们的数据同样告诉我们：仅有 6.7% 的 90 后大学生经常使用信用卡，14.3% 的人偶尔使用。而当想买某样东西而钱不够的时候，仅有 1.7% 的 90 后会选择刷信用卡。正如一位 90 后所说的："钱是有限的，欲望是无止境的。怎么办呢？那就是要节省自己用不到的开销，然后去买自己喜欢和想要的。""超前消

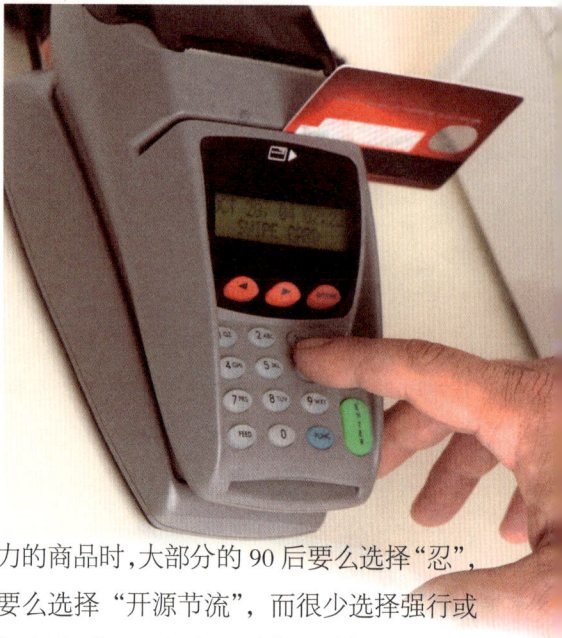

费"一向是 80 后及 90 后被人诟病的一大罪责，其中信用卡经常被大众拿来作为一个重要的罪证。但我们在看到一个个因信用卡而成为"负翁"的案例的同时，也应该清醒地认识到不要以偏概全，推罪及人。信用卡对 80 后及 90 后群体来说更多的是对日常应急的一种"预备"，而不是对未来的一项"预支"，更谈不上"透支"！

能消费、爱消费 ≠ 消费动物

"不赚一分一毫而花钱无节制"一直是大众给 90 后贴的标签。但当我们虚拟了"喜欢但没钱"这样一个消费情景时，你就会发现他们不是强行透支的消费动物，而是量力而为的谨慎者。当 90 后无力支付自己想买的产品时，31.6% 的人会选择割爱不买，24.2% 的人选择通过赚外快增收来解决，19.1% 的人则是从生活费中节省，仅有 12.8% 的人会伸手向父母再要钱，3.7% 的人会选择先借钱买了。

正如我们看到的，面临超出自己支付能

力的商品时，大部分的 90 后要么选择"忍"，要么选择"开源节流"，而很少选择强行或超支购买。而在购买手表、手机、电脑等贵重商品时，90 后不仅仅看实物，更关注父母的底线。正如一位 90 后提到的："我知道父母的底线，再说买太贵的手机我也不好意思。看到比较贵的手机，即使我非常喜欢也会 pass 掉。最后选择一个我比较喜欢又在父母承受范围之内的手机。"如此看来，90 后不仅精打细算，而且还称得上是善解人意呢！

面对精明的 90 后，我们也需要用更理性、更多元的维度去思考，在看到他们能消费、爱消费的同时，也应看到他们是真正市场经济浸泡下长大的一代，是一群懂得谋划、善于考量的"经济人"，理性是他们骨子里流淌着的血液。

消费决策：由"我"及"家"

"不管是买我个人的东西还是家里用的东西，一般都听我的。只要我参与了决策，最后大都以我的意见为主，除非我不参与决策。"这位90后的话恰如其分地反映了当今90后的消费决策观：个人消费全面把关，家庭消费亦要参与！

在传统儒家思想的影响下，中国家庭历来强调长辈的权威，孩子通常没有话语权，基本处于"失语"的弱势地位。而20世纪70年代开始推行的计划生育政策不仅极大地影响了家庭的结构，也从根本上改变了子女在家庭中的地位。作为第一代独生子女的集中代表，80后的家庭地位显然不同往辈。零点集团1999年《寻酷一代——中学生文化研究报告》指出：15.3%的80后中学生认为自己在家中最有影响力，这一比例仅次于爸爸（36.1%）与妈妈（32.7%）的比例，远高于爷爷（或外公）及奶奶（或外婆）的比例（4.7%，5.2%）。此外，1999年的研究也显示：80后中学生对于自我消费的商品拥有超过五成的购买决策权。可见，家庭结构的改变极大地影响了家庭权力的转移，使得孩子在家庭中掌握了更大的影响力及决策权。

此外，与长辈权威逐步瓦解相对应的是，中国家庭的平等民主氛围也逐渐浓厚。与传统的"教条加戒尺"的教育理念不同，现在的中国家庭更为强调平等而有理有据地解决问题。我们研究发现：当自己跟父母的意见不一致时，61.8%的90后中学生会选择"陈述理由，争取父母的认可"，25%的人则用"表面迎合，骨子里坚持自己"的策略。暂不论最后道理在谁一方，但至少可以反映出家庭的民主氛围已经给了90后发表意见、争取认同的空间。那么，影响力上升及家庭民主氛围增加双重功效下的90后在消费决策上有怎么样的表现呢？我们用数据来说话！

领域由"我"及"家"

当说到家庭消费的分歧如何解决时，一位90后给出了理所当然的回答："那首先是要看谁用，如果是我用或者我用得多，那自然听我的。"虽然经济尚未独立的90后也承认"当然最后决定还是要看父母，毕竟是他们付钱"，但只要是我用的，主要的决策权还在我，因为 90 后有自己的杀手锏："**买回来是我用，如果我不喜欢，那我就不用，还不是浪费。**"与同龄的 80 后一样，90 后在个人消费上拥有高度的"自主权"：不管是自己的衣服、零食、杂志还是卫生用品，五成以上的 80 后中学生认为决定权主要在自己；而 84.3% 的 90 后认为自己衣服的购买主要是由自己决定的。

此外，除了父母的着装及日用品这两项以外，其他任何的家庭消费，不管是家里的零食，还是聚餐或旅游等休闲娱乐消费，抑或是房子、车子等超大宗消费，90 后的决策权都超过三成！可见，90 后的消费决策范围已经由个人推及整个家庭。

附表 80 后一代在中学生阶段时的个人消费决策权分布（％）

事　项	完全自己决定	主要自己决定	主要父母但与我商量决定	完全由父母决定
选择购买自己的衣服	25.2	32.3	32.5	10.1
购买自己的零食	55.7	27.5	11.7	5.0
买自己的自行车	27.6	30.5	30.4	11.4
买自己看的杂志	50.2	28.3	15.0	6.5

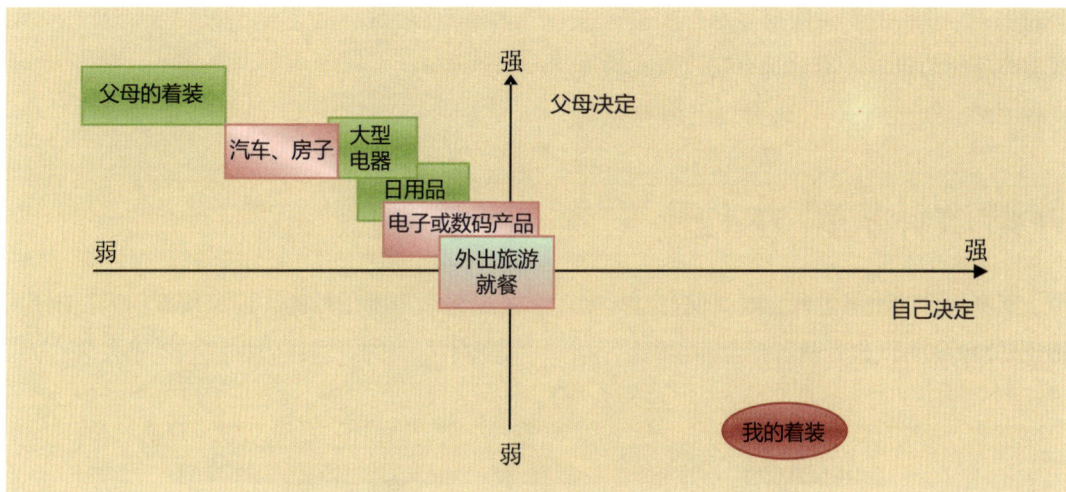

附图　90后个人及家庭消费决策权分布图

房子车子共商量，数码电子我为尊

虽然父母是握着钱包的主，但孩子在家庭中的消费权已不容忽视，即使是像房子、车子这样大宗的消费品，三成左右的90后也表示父母会与自己共同决定。而1999年的报告显示：29%的80后中学生反映，购买房子时家长也会跟自己商量。由此可见，即使不赚钱，80后及90后在家庭大宗消费品中的决策权也不容小觑。

90后成长在技术急速发展、知识频繁更新、信息爆炸式产生的社会，他们获得新知识的能力远远高于其父辈。依仗自己在家庭中的影响力，依靠掌握的多样化的信息，90后在某些家庭消费中拥有更高的发言权与决策权。家庭电子或数码产品消费就是一个典型的例子。我们的调查数据显示，在家庭这两类产品的消费中，90 后拥有超过六成的决策权：20% 以上的 90 后认为自己拥有完全的决定权，30% 左右认为是由父母及自己共同决定的。

外形设计决策力上升

家庭消费的决策过程，既是父母与子女相互妥协的过程，也是两者相互角逐的历程。不管最后谁听了谁的，建议及理由的提出都是必不可少的。通过数据我们不难发现，90

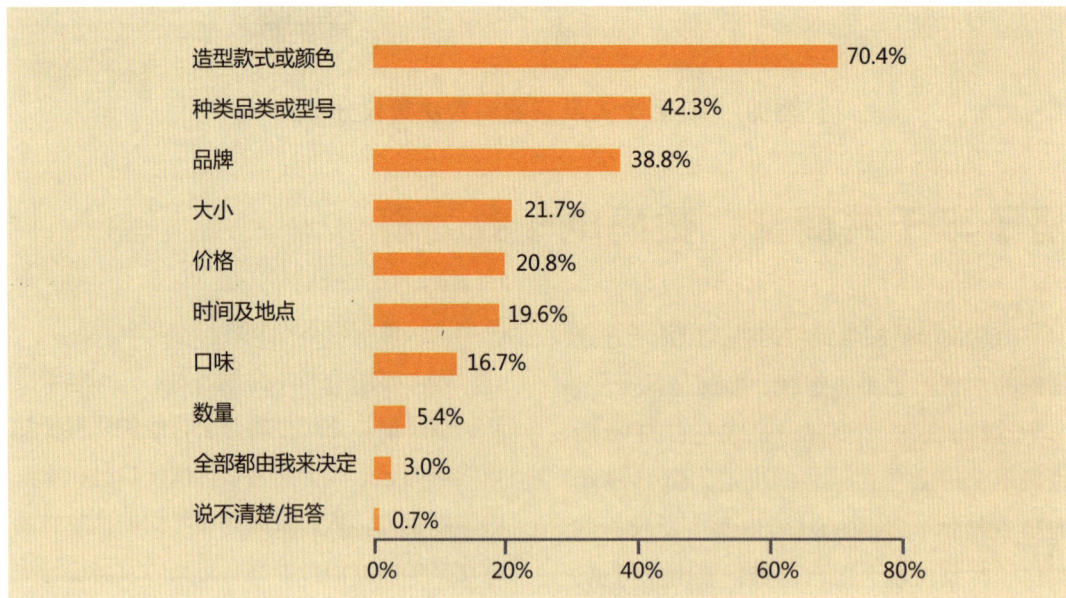

项目	百分比
造型款式或颜色	70.4%
种类品类或型号	42.3%
品牌	38.8%
大小	21.7%
价格	20.8%
时间及地点	19.6%
口味	16.7%
数量	5.4%
全部都由我来决定	3.0%
说不清楚/拒答	0.7%

附图　90 后家庭消费决策意见统计

后对视觉化的外观设计（如：款式、颜色）以及产品的个性化特点（如：区分产品特性的种类或型号）较为关注，更多地在这两个方面提出了意见。此外，接近四成（38.8%）的 90 后在产品品牌的选择上提出了自己的看法。

　　强烈的好奇心、强悍的求知能力、强大的科技武装，使得 90 后可以随时随地接收及吸纳新的信息与知识。而大量的事实也证明，Y 一代曾经引领与创造了世界时尚的潮流。1999 年的研究显示：当年的 80 后中，

61.1％的人表示自己在购物时基本上会"不在乎牌子，但要外表好看"。可见，80 后一代对于产品外观的关注度及敏感度相当高。而紧随其后的 90 后对产品的品牌特征、外观设计特质亦是如此。他们乐于出新，也善于创新，尽管可能怪诞不羁，可能匪夷所思，可能非主流，但不要忘记，任何一种潮流的兴起都是从无到有、由小及大的过程。无怪乎，连超级霸主微软都要专门请两位乳臭未干的 90 后来担任时尚潮流顾问了。

引领 90 后消费，你可以更出位

如果说从 70 后追逐质量到 80 后倡导简约是一种生活方式的转变，那么如今 90 后崇尚个性就是一种自我意识的觉醒。调查显示，47.3% 的 90 后会首先考虑产品的造型风格或款式再做消费决策；超过两成的 90 后消费者把颜色作为选购商品的重要参考因素；38.8% 的 90 后消费者会把品牌作为自己消费决策的首要依据；创新、有悬念、出人意料的广告是 90 后的最爱。

感官刺激：你可以更强烈

都说现在是"眼球经济"，在信息爆炸的时代要抓住 90 后的眼球并非易事。90 后对产品外观的偏好正如青春期的思维方式：跳跃、独特、不走寻常路。而随着科技的迅速发展，青少年需要更强烈的感官刺激。冷酷厚重的金属感固然成熟，但显然不是 90 后那一挂的。信息增速带来的读图时代，只有那些具有绚丽色彩和视觉冲击力的产品包装才能入 90 后的法眼。他们不是质量控，往往不会把质量放在第一位，他们崇尚理性消费，自由发挥。在 90 后的眼中，那些年轻化和个性化的外观设计才是最能诠释青春的动感符号。

另一方面，90 后对产品的色彩也十分关注，你若问他们青春是什么颜色，答案一定是彩色的！色彩的混搭和拼接可以带来更加丰富的选择，粉的可爱，绿的清新，蓝的活力，红的动感……每一种颜色都诠释着购买者的内心世界。

当今，面临着极大丰富的消费品市场，90 后是幸福的，因为他们可以做出更多的选择，而喜新厌旧的特征也令他们的选择周期迅速缩短。由此，也给商家提出了新的要求：那就是更丰富的产品样式和更快速的市场应变能力。从 90 后青睐的服装我们可以看出，他们喜欢美特斯邦威这样款式多样、风格多变的休闲服装，也爱 H&M 这样设计时尚、更新及时的平价 Fast Fashion 品牌。也许这些服饰的质

经常买这个牌子的饼干，是因为它特别好玩，包装特别有意思，上面是小熊维尼，那颜色特别漂亮，造型特别可爱，吃的时候感觉就像一个小孩子。

它们设计得都很好，我觉得双双都不一样，给人一种很有个性的感觉，而且它们的鞋子都很时尚，我身边的同学都是穿这些鞋子，基本上每个人穿得都不一样，每个人都能找到自己喜欢的款式、颜色等。

iPod 的外观很适合年轻人的口味，都是一些很亮的颜色，不像一些包装用亮灰色和浅紫色，给人很平淡的感觉。

47.3% 的 90 后会首先考虑产品的造型风格或款式再做消费决策。
超过两成的 90 后消费者把颜色作为选购商品的重要参考因素。

量一般，但年轻人挣钱的速度是赶不上衣柜更新换代的速度的，只有那些性价比高的时尚产品才会受到他们的热捧。

其实，无论是色彩、造型还是款式，都是90后为自己贴标签的一种方式。他们拒绝平庸，拒绝随大流，个性化和设计感才是王道，而随身之物的外观是最直接的张扬个性的符号。你可以说他们是"好色之徒"，也可以说他们是"外貌协会"。90后消费者兼具理性特征，动感休闲、价廉物美的商品才是他们的心头好。质量让位于款式，内涵让位于外表，是90后挑选商品的重要法则。

营销策划：你可以更用心

90后消费者对于品牌的号召力是无法抗拒的。每个90后都能说出几个自己钟爱的品牌，并对它们品头论足，没有一个深入人心的品牌策略很容易导致90后消费者群体的流失，因为他们接受和消化信息的速度非常快。与此同时，他们求新、求变、求个性的心理需求对商家的营销策略提出了很高的要求。品牌所传达的个性元素以及背后的时尚态度才是吸引青少年眼球的关键因素。小到logo的设计和广告语的用词，大到产品广告的立意，想讨90后的欢心，在创意上偷懒可不行。"酒香不怕巷子深"的时代已经过去，光有好的产品没有出色的营销手段也是徒劳。看看90后最爱的这些品牌，在具有强大的品牌影响力和值得信赖的品质之外，哪个不是营销策划的高手？

☆☆☆☆☆☆☆ 90 后最爱的十大品牌（2011 年）☆☆☆☆☆☆☆

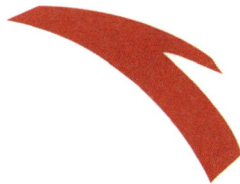

　　阿迪达斯的广告"Impossible is nothing"，没有什么不可能，很有个性的感觉。

　　我觉得耐克的 logo 很好看，有自己的特点，非常简单，是我见过最简单的，没有比它再简单了，让我非常容易记住。

☆★☆★☆★☆☆ **80 后最爱的十大品牌（1999 年）** ★★☆★★☆★★☆☆

38.8% 的 90 后消费者会把 **品牌** 作为自己消费决策的首要依据。

Yes!

我觉得给自己产品做广告时，应当从侧面来表达自己产品各个方面的好，这样才能让人觉得**新颖**，让人**耳目一新**的感觉。能够让人自己去想象的广告才是好的广告。

90后最喜欢的广告类型：
**创新、
有悬念、
出人意料**
（32.8%）

No!

我不喜欢那种**特别
直白**的广告，就是一个演员站在那儿一遍遍地说这个产品哪儿哪儿好，**非常
假**。一看就是在演戏。

与10年前80后那一代所认知的印象突出的知名国内外品牌均集中在体育用品品牌上不同，现在的90后无论是在体育用品、休闲服饰还是电子产品中，都已有了自己的心水之选。品牌概念已深入他们生活的方方面面。

10年前的80后，最爱的都是由自己所爱的明星出演的广告，而能令他们记住的广告语，基本可以分为两类：品牌名称的直接推广（如"这就是柯达一刻"，"华龙面，天天见"，"纯净你我，乐百氏"等）和产品功能的宣传（如"让自己的皮肤吃点水果"，"不看广告看疗效"，"牙好，胃口就好，吃嘛嘛香"等）。而在如今的90后眼中，那种一句广告语重复三遍，直白赤裸的推销方式已经out了，他们喜欢的是动感创新的产品宣传方式和迂回含蓄的表现手法。他们沉醉于细细品味才能恍然大悟的绝佳创意，这样的广告既在情理之中，又在意料之外，也许一开始不明白它是什么意思，但当你仔细想想，想明白了之后，就会产生一种解密的快感。

钱不够? 去网购!

网购的 90 后比不网购的月均消费高不少，这确实说明他们的购买欲比其他同龄人强许多。然而如果说购买欲是促使 90 后网购的唯一原因，这就有点片面了。这只是他们"购"的原因，而非"网购"。看看他们的生活费：月均 757.6 元，这么点钱，让消费欲高涨的他们情何以堪啊！所以，便宜的网购自然成为他们消费的首选。

我们爱网购，只因钱不够

根据中国互联网络信息中心（CNNIC）发布的《2010 年中国网络购物市场研究报告》，2010 年，中国网购市场规模达到 4900 亿元人民币，比 2009 年的 2400 亿元增长了一倍。在所有网购用户中，18 岁到 24 岁的用户占了约 34%。也就是说，90 后加上一小部分的 80 后，他们支撑起了网购市场的一个鼎足，他们是中国网购的先锋队。抛开其中一小部分 80 后不谈，90 后们正在中国网购风潮中扮演着重要的角色。

爱购物方便，爱商品丰富，爱价格便宜。90 后有一千种理由热爱网购。对于 90 后来说，网购不仅仅是一种乐趣，更是一种经济而实惠的消费乃至生活方式。有调查显示[1]，在大学生网购群体中，31.6% 的人选择网购的首要原因是其方便快捷、节省时间；28.4% 的人选择网购的首要原因是源于其价格便宜。网购给 90 后带来的不仅仅是全新的体验，还是更省时间、更省金钱的消费方式。不论是考虑性价比，还是衡量快捷便利，

[1]数据及结果引自《大学生网上购物原因及满意度研究》，作者：王翔，张橙，朱润芝。

网购都不失为一种理性的消费方式。

　　90后中42.4%的人有过至少一次网购经验，其中大学生的网购比例较高，为50.8%，中学生为32.8%。网购的90后平均每月比不网购的90后消费高193元，网购的90后大学生63.5%的人有信用卡，不网购的只有42.7%的人有信用卡。虽然他们爱消费，虽然他们爱名牌，可是在他们网购的多个原因中，最吸引他们的还是网购低廉的价格。作为学生，他们钱包里的现金并不多，中学生每月539元，大学生每月952元。那令人心驰神往的LV，那令人眼红耳热的GUCCI，都只能是浮云。欧莱雅也许确实值得拥有，可是平均每月156元的网购金额实在拥有不起；iPad2也许确实薄了轻了快了，可是平均单次网购最大金额402元看起来比iPad2还薄还轻。囊中的羞涩和琳琅的商店，让他们空怀热情，只能望洋兴叹。所以，便宜的网店，自然成为他们首选的消费场所。

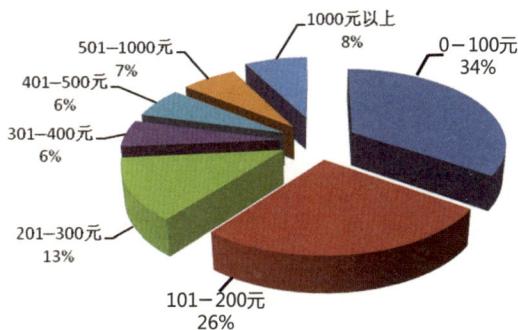

附图　90后网购单件商品最大金额比例图

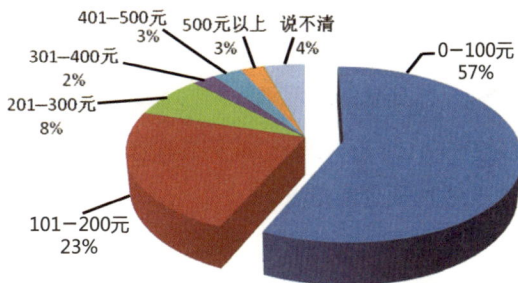

附图　90后网购平均每月消费金额比例图

钱不够，淘宝去淘

　　淘宝是由80后开拓出的一片市场，在淘宝认证体系和客户保障制度日臻完善的今天，这片80后的天地正在被90后强势介入。90后网购用户中使用淘宝的人占网购总人数的87.9%。正如上文所说，90后的经济能力还很弱，所以他们网购时相比其他因素更加倾向于低价格。此时，从开始运营以来一直以低价位著称的淘宝自然是他们的不二选择。90后都在淘宝上买什么？这个无法定论，因为他们什么都买。买衣服，买化妆品，买箱包，买电子产品……淘宝，就是要淘的，于是90后不停地淘。大家都一声声地叫着"亲"，一块块地砍着邮费，一颗颗地攒着红心、钻石。水货、原单、高仿、山寨，管他是什么，都淘得不亦乐乎。

　　每个人都十分雀跃地用自己那一点零花钱在淘宝上争取最大效用。喜欢便宜的淘宝，其实与他们家庭的经济实力并无多大关系。根据本次调查显示，在大学生中，无论是来源于经济发达城市（55.8%）还是农村（42.4%），网购人数的比例都差不多；从家庭月收入1000元到15000元，网购人数比例也都在50%上下；而无论是城市、农村、高收入家庭、低收入家庭，都至少有76.8%的网购族90后在使用淘宝。

钱不够，抱团去团

团购是近几年新兴的网购模式，最大特点就是价格低。2010 年，中国团购的市场规模是 88 亿元人民币，只占整个网购市场的不到 2%，可见团购目前还只是一个小市场。许多资深网虫都不太待见这个新兴事物，然而这个小市场似乎特别吸引 90 后的目光，有 33% 的网购 90 后使用团购。钱不多，但爱聚会、爱圈子、爱抱团的 90 后天生就是团购粉。动辄不到一折的商品牵动着他们的神经。团购的出现，进一步激发了他们的购买欲，也让他们瘪瘪的钱包看起来不那么寒酸。

除了最大的优势——便宜外，还有一点令它显得分外适合 90 后，就是那个"团"字。"你们说团购美食一帮不认识的人围坐一桌有点别扭？我们每次都是一桌朋友一起团购！你们发愁凑不齐一个 KTV 团购包厢？我们还发愁一个包厢不够呢！你们说团购到的美容服务品质不好？我们本身就青春无敌，用不着天天做 SPA，稍微修剪一下头发就能精神焕发！"爱抱团的 90 后抱成一团去团购，于是团购的种种弊病在 90 后眼里竟都是优势。团购，就是 90 后自己的团购。一团团的 90 后穿梭于各种团购网站，不亦乐乎。团购，本来就属于抱团的人，所以，爱抱团的 90 后，就是今天和明天团购的主人。

80后、90后消费差异面面观

我们对时尚有天然的敏感，愿意在有限的空间里寻求自我，这就是我们，一群站在时尚消费前端最年轻的弄"潮"儿。我们是衔着品牌的 logo 长大的一代，我们不仅穿得时尚，我们还敢于追求别人不敢企图的梦想，挑战别人不敢挑战的极限。

大学校园里的生活似乎很单纯：日常起居，穿衣打扮，谈恋爱，看书，上网以及玩手机，几乎囊括了他们生活的全部。恰恰在这种貌似平凡的生活里，大学生们想要寻求一些不一样的细节来体现他们的独特，他们有着旺盛的消费需求，而又尚未获得经济上的独立，消费欲望受到约束。消费观念的超前和消费实力的滞后，造就了大学生们"买对不买贵"的理性消费理念。2010 年零点研究咨询集团在上海、广州等 9 座城市的 41 所高校，2468 名在校生进行的《大学生群体的消费调查研究》数据结果显示：相比较 80 后大学生而言，90 后大学生们花钱更谨慎，消费更趋于理性；80 后大学生们更喜欢通过网络上的"虚拟口碑"获取消费产品的信息，而 90 后大学生们更喜好去卖场看看打折促销信息那种"眼见为实"的体验；他们都热爱电子产品和运动品牌，他们热衷于网上购物，但 80 后爱淘书 90 后喜淘衣，有着"你'淘'我也'淘'，我的和你的不一样"的消费特点。

消费理念：80后"大手脚"，90后"更理性"

美国某研究机构新近发布的一项对90后理财观念的调查结果显示，越来越多的青少年增强了储蓄的观念，在理财思维上更加注重未雨绸缪。美国的新生代比起他们的父辈更加看重家庭财务规划，钱要多挣，家底要厚，但不愿"挥金如土"。

如果说美国90后金钱价值观的变化迎合了社会财富观的一种趋势：合理消费，不当债奴，那么中国的90后大学生们相比他们的80后学长而言，拥有经济相对宽裕的60后父母，能够调动比以往任何一代人群更加充裕的消费资源，对消费的掌控力也更强，他们的消费观念与消费行为也呈现出一些不同于上一代人的特征。

90后大学生们似乎在花钱时显得比他们的80后学长们更加理性。我们的调查数据显示，76.7%的90后大学生们平均每个月生活开销在800元以内，其中有一半同学的月均花费不到500元。相比较而言，他们的学长，80后大学生们会更"大手脚一点"，月花费500元以下的比例仅为18%，月开销800元以上的占到了34.7%。年龄与消费呈正相关，换句话说，随着年级与年龄的增加，同学们的花销也在增加，这似乎成了大学生群体消费特征的潜在定律。

我们的数据还显示，日常生活开销是大学生们最大的消费项，此一项消费在大学生群体的消费构成中占到了七成左右。而考虑到休闲娱乐和装扮方面的花费，80后大学生们略高于他们90后的学弟学妹们。想必随着年龄和年级的增加，同学们的社交需求也有增长的趋势，与之相关的开销自然也就多了起来。

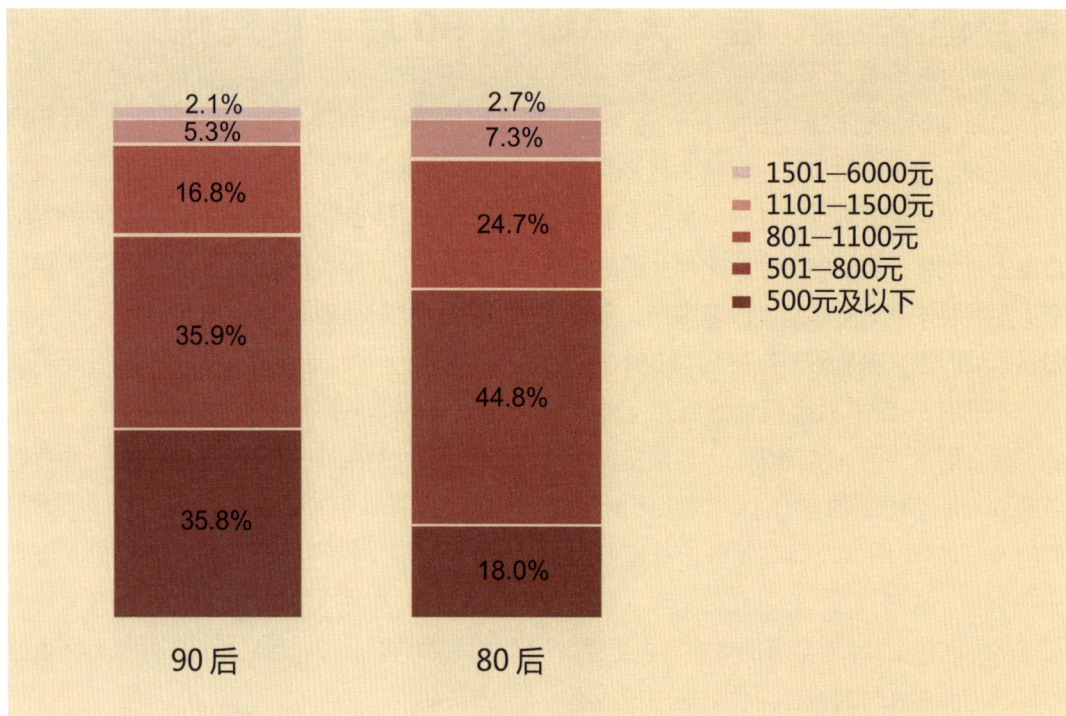

附图　90 后与 80 后大学生群体的月度生活开销额度对比

信息获取：80后喜"虚拟口碑"，90后好"眼见为实"

90后是伴随着互联网长大的一代，成长环境中充斥着"孤独"、"富足"、"电子化"以及"膨胀的信息"。比起"前辈"，他们对新鲜事物具有更大的好奇心和参与热情，具有全球化视野以及更加开放的思维，也更容易被"圈子"文化所吸引，对异己产生冷漠。

信息泛滥的附加值就是让他们小小年纪就已经建立起了品牌意识。数据显示，大学生群体里80后与90后们最喜欢的品牌包括诺基亚、耐克、苹果、联想、安踏、索尼、阿迪达斯、李宁、美特斯邦威等。触目可及的电子产品品牌和运动品牌是他们的最爱，"生命不息运动不止"、"无电子不品牌"已成为大学生们的生活信条。用他们的话说，他们就喜欢"just do it"那种爱咋咋地，要咋咋地的范儿，他们想要的就是让所有人知道——我，最重要。

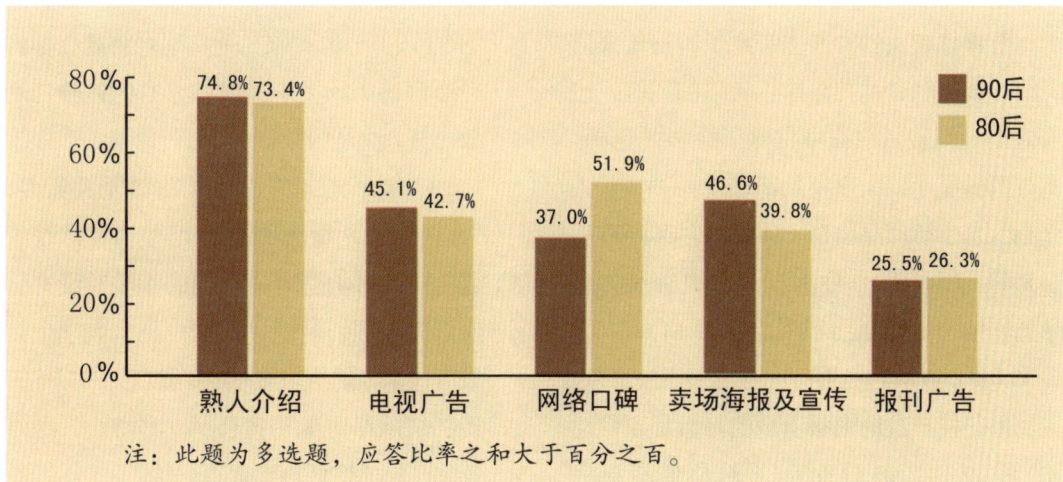

注：此题为多选题，应答比率之和大于百分之百。

附图　90后与80后大学生群体的消费信息获取方式对比

　　新媒体的蓬勃发展也带来了广告传播方式的纷繁复杂，乱花渐欲迷人眼的同时，也给他们的消费信息获取提供了更多的选择。调查数据显示，大学生们都最爱通过"熟人介绍"来了解产品信息（80后73.4%，90后74.8%）。相对于80后大学生们更容易为产品的网络口碑传播所吸引（80后51.9%，90后37.0%），90后们则更喜欢走出家门去逛逛，卖场里花枝招展的海报上面的打折促销信息（80后39.8%，90后46.6%）对他们有更大的吸引力。此时的90后们又表现出了他们

偏理性的一面，"眼见为实"最重要，他们更愿意在卖场里享受这种感官的体验与刺激，并为之所吸引。

　　广告形式如何天花乱坠都无关紧要，"你炫你的，我选我的"，心里有秤才是王道。在面对消费时，他们的年轻并没有让他们失去理智。通过数据可见，大学生们最信任来自熟人介绍的产品信息（53.8%），其次是网络上的口碑传播（17.2%），而对各类广告的信任度则低得可怜。

消费渠道：80 后爱网购"书"，90 后喜网淘"衣"

中国互联网络信息中心（CNNIC）发布了《2010 年中国网络购物市场研究报告》，数据显示，网购市场上销售最旺盛的商品是服装鞋帽，购买的用户比例为 70.1%。网购的兴旺发展对于有购物欲望又囊中羞涩的大学生来说无疑是件幸事，网购也随之成为他们极为热衷的购物渠道之一。

我们的调查数据显示，80 后大学生中有 87.1% 的人有过网购经历，90 后大学生中的这一比例占到五成。对于刚步入大学校园的 90 后大学生们来说，似乎并不像他们的学长有更多的"财力"跟"精力"去进行网络消费，他们需要把有限的钱用到刀刃上，需要更多的时间和精力去适应这个新的环境。

大学生们网上购物，去得最多的网站是淘宝，在淘宝买过物品的同学超过八成。80 后大学生们还对当当和卓越网情有独钟，这与他们对图书的购买需求也相得益彰；而 90 后们则比"前辈"更加青睐于淘宝、拍拍这类以服饰经营为主的购物网站。

我们的数据显示，90 后的同学们网购实力虽然不够强大，但网购的同学中有 60.3% 的人在网上购买过服装鞋帽类产品，其次是购买过书籍（44.8%）；而作为学长的 80 后同学们，有近八成的人网购过书籍，也许正是来自就业与生活的压力，以及考研和留学的动力，促成了一队如此强大的书籍网购生力军。

服装鞋帽
书籍
电子产品
箱包
饰品
生活用品
护肤/化妆品

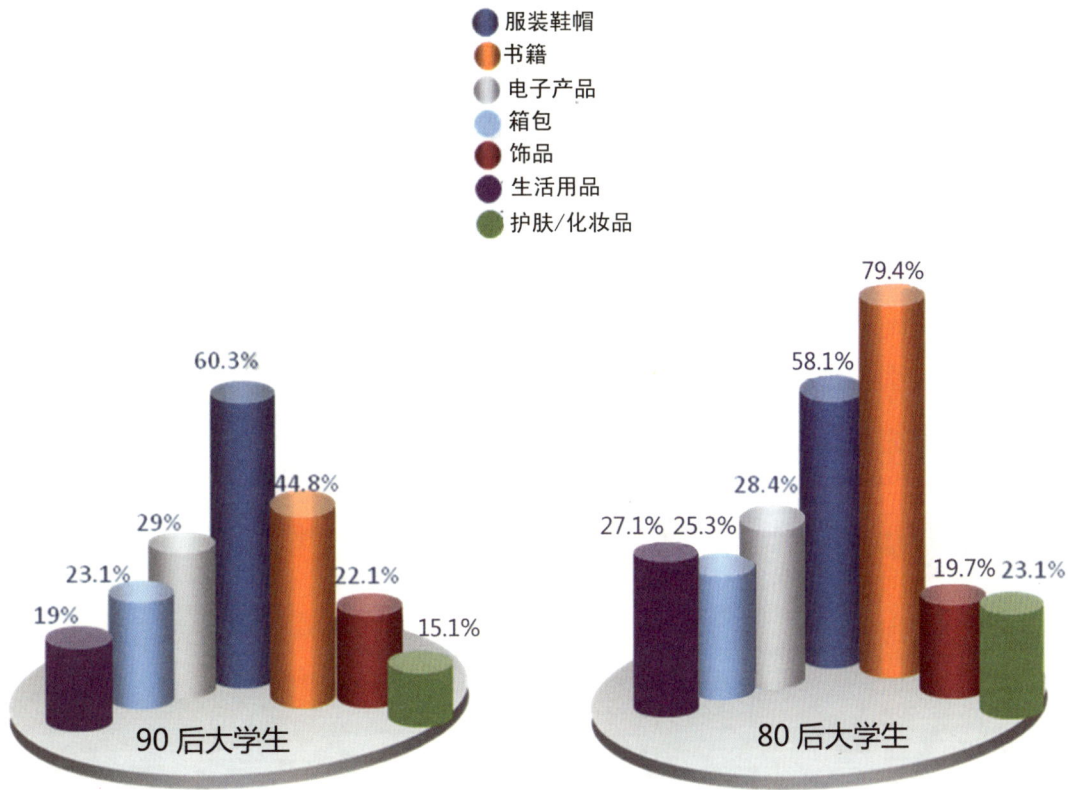

注：此题为多选题，应答比率之和大于百分之百。

附图　90 后与 80 后大学生群体的网购产品类别对比

社会关系：
笃信品行、平等和才华

48.3%的90后将"品行端正"奉为交友圭臬；
48.5%的90后欣赏"能与学生在思想上交流"的老师；
"才华横溢"（49.6%）和"勤奋努力"（29.4%）是90后欣赏的偶像特质。

不管你怎么想象90后与人相处时的不谙世事，事实上，他们的社交关系图谱是如此客观且不乏自我。他们携着平等、客观和品行至上的标准，与朋友、师长甚至是偶像相处，这与"大人们"所信奉的普适社交准则如出一辙。你甚至不能相信，90后愿意与品行端正、兴趣相投的人一路同行；也会跟讲课好、视学生为朋友的老师为友；他们更将才华过人、背景平凡的明星视为偶像。

父母，依靠与理解

不爱专制，却爱依靠

　　父母与子女之间的关系总是很微妙的，因为父母对子女既有天下最真挚的爱——父母之情，又有天下最专制的权力——监护权，所以子女对家长的感情也不可避免地有些貌恭而心不服。虽然 90 后孩子的父母是最目前开明的一代父母，但是仍有 39% 的 90 后在调查中表示，假如可以换父母，希望换一对"对自己平等、开朗、讲道理"的父母；21% 的孩子希望换一对"非常尊重、信任自己"的父母。

　　当他们暗暗地，或多或少抵触着父母的专制时，他们还是非常依赖父母的，91.3% 的 90 后大学生完全或大部分依靠父母供给生活费；53% 的 90 后遇到困难第一个寻求帮助的对象是父母；50.3% 的 90 后情绪最受与父母的关系的影响。90 后们无论在感情、心灵还是经济上，都非常依赖父母。一个很活泼的90后小女孩告诉笔者，她最近心情很低落，因为她父亲最近常常喝酒，喝完酒就和她母亲吵架、打架。非常老套的剧情，在我们这一代遇到这种事情时，虽然会觉得厌烦，但很少因此而情绪低落，我们会在家庭战火猛烈时，出去打球，去网吧，回来后一切照旧。而90后这一代，父母间一旦出现问题，就能让孩子的生活一下子从红色变成蓝色。90后，他们的生活、他们的信念，甚至他们的快乐，都要依靠父母支持。也许他们觉得自己很坚强，就像全身都披着甲胄，但实际上他们的甲胄就是父母之爱；也许他们觉得自己很孤独，就像万顷碧波上的一叶孤舟，但实际上父母就是他们的避风港；也许他们觉得自己很独立，就像站在千仞绝壁之上，俯仰自得，但实际上他们只是绝壁上鹰巢里的雏鹰，还无法离开父母坚强的翅膀。

不满专制，但不愿或不能独立，无论是经济上还是精神上都在依靠父母。90后与其父母的关系，比之前每一代人都似乎更紧密。

理解父母，知恩知难

"大了，就别那么任性，要学着懂事了，不要总让父母担心……"这是一个90后自己在腾讯微博写下的宣言。"我最爱的男人……我老爹……哈哈……老爹老爹我爱你"，这是一个90后的QQ签名。他们开始为父母着想，开始意识到父母的专制是因为父母爱他们，以至于无法坐视他们哪怕有一丁点走向错误人生道路的可能性。约1/3的90后给父母打了满分，而1999年零点集团的《寻酷一代——中学生文化研究报告》中发现，当年的80后中，有超过30%的人对父母表示"没感觉"、"讨厌"、"憎恶"。90后对父母的感情与80后相比，是革命性的进步。

虽然有31.9%的90后给父母打了满分，但其中真正对父母毫无怨言的，只有29.8%。其他孩子或多或少对父母有些抱怨和不满，

但这并不妨碍他们对父母给出满分。在评价父母时，他们似乎已经学会了看主流和本质。而作为子女，只有7.3%的90后认为自己是完美的。十几岁的孩子已经不仅能深刻体会和感恩父母的养育之恩，而且能客观地反省自己的缺点。这一发现多少令我们惊讶。

除了对父母较高的满意度，还有一个数据非常吸引人：24.9%的孩子认为父母是最成功的人。在1999年的《寻酷一代——中学生文化研究报告》中，只有8.9%的孩子认为父母是最成功的人。

不同于对父母打分，认为父母是"最成功的人"，说明他们满意父母作为一个"人"，一个普通人的社会角色。他们已经理解了父母支撑一个家是件很伟大的事情，他们不需要像电影《大鱼》那样，在自己成为父亲的时候才能理解父亲、钓到"父亲"这条大鱼。反观12年前的80后，年龄与现在的90后相近，可是反差却如此巨大。80后被灌输的思想是"苟利国家生死以，岂因祸福避趋之"。小时候很难理解为什么家事要和国事、天下事一起关心，成功的人都应该是做出丰功伟

绩的人物，大丈夫当扫除天下，何安一屋？90后接触的多元化信息却让他们理解"一屋不扫何以扫天下"。

在父母的呵护下，90后依靠在父母的怀里偶尔发下小牢骚，但这不影响他们与父母间和睦的气氛。也许他们显得与这个社会有些格格不入，但是他们与父母的关系，比其他年代的孩子更加亲密。爸爸依然夸夸其谈，妈妈依然絮絮不休，但90后的孩子们对父母少了些抵触，多了些理解和包容，因为他们比前几代人更理解什么是父母之爱。

亦师亦友还是经典款

春节回家，同学会是必备项目，首先牢骚买车、买房这种"鸡肋"话题，接着八卦结婚生子的近况。届时，总有好事者把某人青涩期那段轰轰烈烈的绯闻重提，紧跟着那位曾经插手此事的老师慢慢成了话题焦点。然后，大家的回忆开始加速，细数和老师"斗智斗勇"的往事，或者模仿讲台上各种夹杂特殊口音的普通话，极尽本事地调侃一番——若干年后，作为老师的他／她变成了一个载体，是已经上过不同大学、生活在不同城市、做过不同工作、有着各自爱情的我们的共同记忆与成长经验。

▼图/秋秋

会讲课的老师惹人爱

上学那会儿，不知有多少好成绩女生对一脸阳光、喜欢跟老师顶嘴的"坏"男生犯过花痴，现在想来，被吸引不是因为表面的"坏"，而是在对"老师"这一权威的反抗中透露出的血性与真性情。如今，在90后的校园里，跟老师唱反调依然是一件不过时的酷事，尽管67.5%的他们也承认老师说的话是对的，只可惜"对"的事未必是他们当下想做的事。

遵从权威	怀疑权威	挑战权威	解构权威
我们当年对家长、老师都是存在敬畏的心理，不会觉得他们的教导有什么让自己不舒服的地方。对于单向的说教还是可以接受的。 ——60后受访者	尽管希望长辈们能以一种朋友式的方式与我交流，而不是强迫你必须做某件事情，但这并不代表家长和老师不能干涉我的生活，并且干涉也不是件坏事。 ——70后受访者	我还是渴望平等的交流，但是受到从小教育环境的影响，有些根深蒂固的想法会让我必须去接受一些强迫式的指导。比如说，你是小孩，就必须听爸妈的话。 ——80后受访者	现在这个社会没有人可以主宰你的生活，别人只能给予建议而不能最终帮你决定，决断权仍在你自己，谁也代替不了你自己的生活。 ——90后受访者

附图　不同年代人面对权威的态度在悄然变化

反调的唱法其实是因老师而异的：对群众厌弃的老师，基本原则是"对人不对事"，一律反到底；对群众爱戴的老师，则是"对事不对人"，小心出手。后者可能是出于捍卫自我的正当权益，也可能只是因为被表现欲所操控。

他们喜欢站上讲台就亢奋、可以东拉西扯、能让课堂活泼起来的老师。如果作为老师的你，普通话不标准没关系，这恰好是听课的乐子；如果你偶尔会蹦几个脏字也没关系，难得真实——只是，爹妈们可能有意见了。但如果你上课没意思，你将很难说服他们给学校的教育服务打高分了——17.3% 的 90 后中学生将"老师上课没意思"列为对学校不满的头号因素。除了课堂魅力，他们还想要跟老师开点小玩笑、讲道理地谈些条件、说一些可以被好好保护的心里话。他们渴望的不是半强迫的教条，而是有选择的指引；不是千篇一律的教化，而是活泼生动的关爱；不是严格严肃的指责，而是平等自然的交流。

"化师为友"有新招

如果说以往上课与放学的明确界限为"化师为友"造成了时间和空间的障碍，那么现代的生活方式为消融这一障碍提供了可能。

在城市化进程的催促下，众多二三线城市开始横向扩张，从而拉大了家与学校间的距离；同时，大城市的发展机遇以及随着公共交通的大力投入而降低的城际流动成本，使得非本地家庭日渐增多，大量寄宿制学校应运而生。另一方面，现代生活节奏下的双

亲或是忙于工作没有时间管理孩子，或是自认为没有教育能力怕管不好孩子，于是也选择把他们寄宿起来，将教育孩子这一责任的大部分托付给学校。于是，上学与放学的界限模糊了。老师这一角色承担的功能不止于"传道授业解惑"，离开父母、同时面对着书本知识与社会实际巨大冲突的学生尤为需要明白人的倾听与引导，因而不难理解，会有 48.5% 的中学生将"关心学生，能与学生在思想上交流"的老师视为最欣赏的老师类型。而"为人正直，道德高尚"的老师在学生间似乎不太吃得开，仅 9.3% 的 90 后中学生欣赏这种型。尊重与平等对待学生、富有人情味与智慧，是理想老师的基本特点。零点集团 1999 年《寻酷一代——中学生文化研究报告》中的 80 后中学生与今天的 90 后中学生，在这点上没有异议。不同的是，随着网络的发展，90 后中学生更多地体验到了与老师做朋友的新途径。部分年轻老师开始尝试使用博客这一平台作为课堂教学的补充，课后作业的解题思路、班级管理的优化都是该平台常规讨论的题目。即使讨论不出结果，

这也实在不失为和与网络文化共成长的新青年们套近乎的有效手段——在这个平台上你是"鱼摆摆"（某开博老师的网名），称呼上可以暂时没有身份后缀。

曾经，老师的大名和绰号仅限于好友内部私下流通；现在，他们仍然恪守"老师好"这一上课礼仪，至于课下，如果感情到位，楼道相见时，他们并不介意把私下对你的昵称大方地当面赠予，前提是"老师，我们聊得来吗？"

图/大路 ▶

从青苹果到象牙塔：
烦恼进化，兴趣衰减

"今北方久熇，瀵汍甏智，坌埲坲，烝天幠日。土地皴崩，罅可容人。南疆雰霂，泽水肆虐，当此之滴，茅舍尽走。欲苦不能，啼口立（同泣）啾啾。"自90后走上高考考场，每年六七月间就多了一项娱乐活动——围观小朋友们写出的古怪精灵的作文。韩愈式的骈文、杜甫式的七律、卡夫卡式的小说、朱德庸式的漫画，即使不全看得懂，也觉得十分欢乐。敢于在高考考场上检验想象力，总是需要一定勇气的。每一次惊讶，都让我们的好奇心膨胀一些：校园中的孩子究竟在如何悄悄改变？当步入大学校园，失去了高考这把悬梁剑，他们的校园生活又会发生怎样的变化？

90 后维特们的烦恼进化史

还记得《海上钢琴师》中的男主角，在登上陆地的那一刻，对千万条街道和无尽头的城市感到非常茫然。当信息的窗口由四叶扇拓展到落地窗时，扑面而来的信息将极大地改变接受者眼中的世界。如果说中学时代的80后观察世界的方式是"管窥蠡测"的话，那么现在的90后触摸世界的管道则千变万化。如果说80后当年面对的是书本呈现的直线世界的话，那么现在的90后面对的则是由网络导入的"大世界"与课堂带来的"小世界"交织而成的多维世界。当90后用自

己的笔墨向世人吼出《别以为我们不知道》时，我们不得不感叹：年轻的 90 后所认识的世界真的不一样了！而正是这种多维世界的呈现，让 90 后在校园中面临着前几代人从未面临过的压力。

我们的调查发现，90 后中学生对自己校园生活状态的评分中等偏上，与 10 年前的 80 后中学生相比略有提升。青春依旧，只是烦恼不同。10 年前，与同学的关系是影响校园生活满意度的最重要因素；10 年后，"圈子文化"依然横行，但同学间的恩怨情仇不再是幸福或烦恼的主要来源。在陡然增加的竞争压力面前，其他种种烦恼已是浮云。1999 年的 80 后中学生调查发现，学业表现在校园生活满意度的各因素中仅排名第六，但今天它已经成为对校园生活状态不满的罪魁祸首。在对校园生活不满意的中学生中，48.2% 的人表示升学压力太大，担心成绩不好。抱怨"老师和家长只看重分数"的人也有 37.2%。高考的龙门前，压力不断蓄水，那些孩子又怎能不期待六月的泄洪？

此刻的他们还不明白，龙门不过是虚晃一刀。跃入龙门之后，新的烦恼一波未平一波又起。90 后大学生们对前途的忧虑始终没有减退，为了似锦前程，不仅要努力学习追逐 GPA 和奖学金，还要活跃于社团，奔波于招聘会。2010 年考研和"考碗"大军都超过 140 万人，其中奋力前行的 90 后应届生约占七成。在激烈的竞争中，自卑在某些天生弱势的群体中弥漫开来。比起青春期的小烦恼，这种自卑似乎带有阶级色彩。在对校园生活不满的群体中，分别有 17% 的孩子是因为家庭经济条件和外貌欠佳，而非重点大学的孩子也比中学时更敏感。与其说大学是象牙塔，不如说它是 90 后们接触社会的第一扇窗。今天在演讲台上的竞争，也许明天就会变成现实。有人有"李刚"撑腰，有人有直升机接送，原本单纯以成绩 PK 的世界平添了多少骚动！正值年少轻狂的他们，面对种种诱惑和不公，又怎能不为所动？

我们在调查中还发现，与美国青少年勇于走出校园融入现代商业社会相比，中国 90 后对校园中的得失相对看重，而社会活动参与度相对较低。对此，90 后已经开始反思，

但这是否会给走向职场的 90 后维特们带来
新烦恼还是个疑问。

十年苦读：课堂学习兴趣螺旋式衰减

课堂学习有趣吗？在 2011 年的调查中，79% 的 90 后给出了正面的回答。但让我们感到不安的是，从中学到大学，90 后对课堂学习的兴趣螺旋式衰减：总体而言，十年的求学历程中课堂学习兴趣是下降的，只有在毕业年级这种兴趣才又高涨起来。而这种兴趣的回升，很难判断其中有多少被动的成分。与此同时，跟 1999 年的 80 后中学生相比，90 后中学生的课堂学习兴趣的确明显下降了（1999 年：2.83 分，2011 年：2.03 分，满分为 4 分，表示非常感兴趣）。

90 后对课堂学习兴趣的减弱能否简单地以"厌学"盖棺定论？这个还需斟酌，因为他们对知识的获取更为灵活。与前几代人，尤其是 60 后、70 后泾渭分明的成长阶段分割不同，90 后是成人化 + 儿童化的混合体。

他们年纪轻轻就有社会资本的意识，未入社会就认定关系的重要性，是自我主义及功能主义并重的一代。他们选择投入一件事情，要么是因为爱它，要么是源于其有用，当然如果这事情既有趣又有用那就再好不过了。当课本丧失了趣味性，又没体现出其功能性时，90 后将选择另辟蹊径，转向课本以外的世界。90 后从小就在各类兴趣班间穿梭，解决问题的第一方式是求助于网络，他们的兴趣和注意力早就被分散了。或许，在分数的压力下，他们中有八成人表示出对课堂学习的兴趣，就已经算是不错了呢。此外，在信息爆炸、教育过剩的时代，课堂教学内容与 90 后旺盛精力和广博的见解相比，已经供不应求，这可能也是兴趣下降的另一个原因。

90 后中学生的需求热点主要是文艺体育

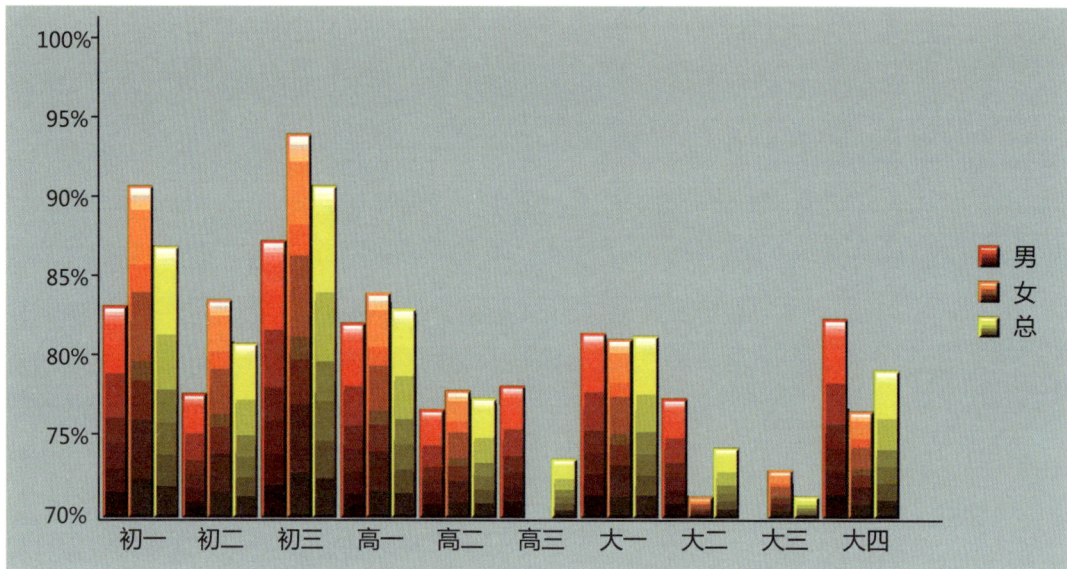

附图　初一到大四不同年级 90 后的学习兴趣

和"社会实用性"内容。女生希望开设社交礼仪和绘画／漫画课程的均占三成（32.7%，30.8%），而男生则对更丰富的体育教学和社会实践课程感兴趣。相比 80 后中学生要求学习计算机、参加跨地区夏令营，90 后的需求看上去更现实。90 后大学生对"社会实用性"内容的热衷也十分明显，选修管理类课程的人最多，达到 25.8%，文艺类课程紧随其后。他们坦陈，"感兴趣"、"开阔视野"和"对找工作有利"是他们选修课程的三大原则。

面对 90 后新人类，课堂教学内容是应该相机而动，还是固守传统目的和优势，这是新时代教育家们应该思考的问题。

世界 =42，我们为什么还要学习

生活的终极意义何在？如果你在谷歌输入"the answer to life, the universe and everything"，它会告诉你等于 42，这是科幻小说《银河系漫游指南》的作者跟我们开的一个玩笑，但这个玩笑被谷歌和 wiki 膜拜，表达了人们对世界终极目的的困惑和迷茫，是对世界荒诞运转规则的反讽。

前文中，笔者十分谨慎地为 90 后的"厌学"进行了辩解，但从学习动机的调查结果来看，与其说他们讨厌学习，不如说他们不明白为什么要"爱学习"。红色的革命年代和金色的改革年代都已经过去，曾经激励人们"好好学习，天天向上"的理由在 90 后面前不再奏效。努力学习这件看上去再单纯不过的事情，被怀疑了，随着年龄的增长，90 后的学习动机开始走向迷茫化和现实化。

中学生对家长和老师只看重分数十分苦恼，在众多对校园生活不满的原因中排首位，最常见的抱怨就是"难道学习就是为了考高分吗？"但进入大学之后，没有排名，没有月考，没有写着红字的成绩单，外部的困扰立刻转变成内心的迷茫，摘掉紧箍咒的 90 后的孩子们依然不明白，学习为什么有用？在不满意校园生活的大学生中，除了有 16.9% 的人明确表示"不知道学习是为什么"，还有 40.6% 的人表示"感觉学的东西没有实际用途"。不知道这种迷茫的产生与之前的分数崇拜是否存在因果关系，但过去的付出，现在的努力，倘若失去目标的指引又怎能继续？

当问及努力学习的动机，90 后中学生和 90 后大学生的回答截然不同。中学生们最认可把努力学习作为证明自己能力的方式（39.5%），但随着年龄的增长，把学习作为追逐名利、改善生活的本钱则上升至首位（24.2% → 37.3%），从中不难看出成功观的转变。在调查中我们发现，跃入龙门之前，鱼儿们认为只要勤奋努力、掌握更多的知识、有才干就能跳得更高；跃入龙门之后，鱼儿们忽然发现你若没有龙王赏识、完全不认识那些虾兵蟹将还是变不成龙。这种转变，现

实得让人难以接受。

在迷茫中走向现实是90后学习目的正在蜕变的原因。究竟为什么学习？为什么生活？答案是41还是42当然不重要，重要的是我们的教育改革已经开始得到重视。无论是"韩寒式"还是"南科大式"，在罢考事件中，高考不过是个替罪羊，怎样澄清背后对于学习目的的迷茫，才是教育改革应该思考和践行的。我们期待若干年后，"钱学森问"能够得到圆满的回答。

"求真、务实"择友观

在这个社会备受"浮躁"、"名利"的批判时，一本《追风筝的人》像一阵从海上吹来带着咸味的冷风，瞬间给人们带来些许清凉和冷静。故事带着点点的忧伤触动了人们对于友谊、人性的反省。它所以能深深打动人心，就是源于那份情谊的真切，是内疚也好赎罪也罢，反映出的都是人与人交往中弥足珍贵的纯真。

不同于以往 60 后、70 后、80 后对"独处"的钟爱，90 后的一代把友情放在与亲情、爱情同等重要甚至更加重要的位置。"朋友是我生命的一部分，友情第一，亲情和爱情并列第二。因为哥们是最能够理解我的那个人，有时候不用说话，只需要一个眼神，他就能够明白我的意思。"

"求真"——传统的择友观

人际关系里纯真之所以能够存在，基本的要素就是交往的人"品行端正"。梁实秋在他的散文《谈友谊》中写道："严格地讲，凡是充分具备一个好朋友条件的人，他一定也是一个好父亲、好儿子、好丈夫、好妻子、好哥哥、好弟弟，反过来亦然。"与其说友谊地久天长是对两个人关系的考验，不如说是对一个人品质的考验。

"与善为交"是我们的传统友谊观，只有在君子之间才谈得上友谊。这种理念并没有随着时间的流逝而走远，如今的90后在择友标准方面依然继承这一理念。我们的调查显示，问及择友标准时，90后最看重的条件是品行端正（48.3%）。游走在圈子里的90后，交友问题上表现出了传统的价值取向，"择其善者而从之"这一根本性的交友原则在他们身上有了谨慎的继承。

"相同的兴趣爱好"是90后交朋友时的第二条准则（39.1%）。"别以为90后很随便，我只跟志同道合的人交朋友，别装潇洒乱搭讪，你那点坏心思都写在脸上呢。好啦好啦，我要看你顺眼自然会要你QQ的，回头聊吧。"

值得注意的是，90后的"志同道合"并不一定是关于人生规划这么宏大严肃的话题，而是涵盖了90后生活中的各种话题的兴趣爱好。他们评判是否"道相同"的主题极为广泛，大的话题例如考上大学以后学什么专业，想从事什么职业等；细小的事情又极其微距，例如最近在看什么漫画、影视剧，玩什么游戏，听谁的歌，喜欢哪位明星，什么血型什么星座，看什么穿越小说，等等，你喜欢什么，我喜欢什么，聊一聊便知是否"同道之人"。道不同者，则不相为谋。

"务实"——举贤荐能选领袖

90后个性张扬，对年长的80后、70后的说教往往不屑一顾，但却在他们自己的朋友圈子里亮出了"哪些人可以领导自己"的标准。整体来看，90后最愿意被"有组织能力的人"来领导（52%），其次要"见多识广的人"（43.7%），再次是"人品好的人"（37.4%），愿意选择"学习成绩好的人"做

领导的比例仅占13.5%。目前90后基本处于求学阶段，学习是此阶段的重头戏，但对他们而言，学习好并不代表具有领袖气质。"要想做我的头头，要想让我对你服气，你得既有能力又有人品，但这个能力绝不是啃书本背习题的能力。"

人品，是人能力施展的基础，是当今社会稀缺而珍贵的品质标签。能力是一把双刃剑：如果掌握在品德高尚的人手中，它将会给团队与社会创造出无数的价值；相反，如果掌握在品德低下的人手中，它将时刻有可能成为组织与社会前进的羁绊。在成熟的市场经济环境下成长起来的90后，随着年龄的增长，在"能力"与"人品"的博弈中，越来越倾向于能力论。"组织能力"、"见多识广"、"办事稳妥"等因素逐渐更受重视，对"人品好"、"乐于助人"等因素的重视程度则呈下降趋势。

《与90后交往手册》中写道，"与90后交往，你得博览群书，但不能是个只读圣贤书不闻窗外事的书呆子；你要有点钱，但不能是个不懂花钱的土财主；你得熟悉流行文化，但也不能不懂点小众的文艺知识；你要像个大人，但别指望仗着是大人来搞什么特殊"。其实，90后在与人交往中最重视的还是传统的择友观点里的"真诚"，只是"兴趣爱好"方面承载的内容与以往大不相同，已经被赋予了更多的多元化社会环境的特征。

Who is my super star?

在崇拜的偶像既非社会名流又非演艺明星的 90 后心目中，69.5% 的人视父母为偶像，其中 53.8% 的青少年认为，是因为父母"人品值得敬佩"。

挖掘 90 后的偶像世界，你会发现这个世界既没有明显的规律，也没有核心的精神领袖。相比 70 后狂热的个人崇拜和 80 后深沉的偶像迷恋，90 后选择偶像更为自我。调查显示，90 后的偶像虽然超过六成是歌手、演员、主持人等演艺明星，但你似乎很难找到一个响亮的名字来吸引青少年群体的注意。每个人都按照自己的方式和标准选择偶像。没有盲目跟风，也没有歇斯底里。90 后的偶像，可以很近，可以很美好。

国民偶像 vs 草根明星

在 90 后崇拜的头号明星清单里，除了周杰伦、刘德华、王力宏这种老少咸宜男女通吃的全民偶像之外，有一个名字特别吸引眼球，那就是许嵩。许嵩是一名从网络走出来的歌手，看看他身上的标签吧：大学生、草根、小清新。这些特征让 90 后很容易就找到亲切感，而他的成名之路既不曲折也不戏剧化，歌曲内容既不庸俗也不颓废。昨天在食堂旁边桌子吃饭的同学今天就成为舞台上的明星，90 后深深迷恋这种强烈的角色代入感，不能自拔。其实，从 90 后崇拜的偶像身上，我们不难看出他们对于成功的定义：

过人才华、平凡背景、自我奋斗、与众不同。因此，如果还用"酷毙了"、"帅呆了"这样的字眼来形容 90 后的偶像就未免太肤浅、太 out 了！拜信息发达的互联网和媒体渲染所赐，对于 90 后来说，明星不再是一个遥远的存在。对于粉丝而言，他们似乎没有任何秘密可言：打开八卦杂志，每天都有各路明星的花边新闻爆炸式地袭来，各种狗仔奉献各种偷拍；打开电脑，粉丝在论坛和后援会频频互动，线下追星活动也异常丰富；这还没完，明星自个儿还时不时地自曝一下，更新微博展露行踪，谁还不知道大浓妆和 PS

后的明星是神马模样？因此，90后对偶像的要求是内外兼修！调查显示，被问到"偶像最吸引你之处是什么"时，"才华横溢"名列榜首（49.5%），其次才是"个人形象出众"（44.8%），而偶像的"勤奋努力"也获得30%的90后的认可。

赵薇不但长得漂亮，还有内涵，像一杯茶或者咖啡，有味道，需要慢慢品味，但她又不让你轻易读懂。

麦蒂的成长经历挺吸引我的，挺不一般

的。他都不知道他的父亲是谁，是由妈妈和外婆养大的。他们家原来很穷，后来经过他的奋斗现在他当球星了，有钱了，并且照顾自己的妈妈和外婆。

最爱周杰伦！因为他才貌双全。不但人帅得一塌糊涂，而且他特别有才，无论是在电影还是在音乐方面。他所有的片子和所有的曲子都是自己做的，这本来在歌手当中就是比较少的。

个人崇拜 vs 自我崇拜

"如果一定要选一个90后的代言人的话，我会选我自己，虽然我还在迷茫的阶段，但是我相信我能走出这个阶段，在以后的人生中我一定能实现自己的价值。"

心理学上有一个俄狄浦斯情结的说法，源自古希腊神话，其实就是恋母情结。90后虽不至于依恋父母到如此程度，但父母作为人格偶像的魅力还是很大的。在那些崇拜的偶像既非社会名流又非演艺明星的90后心

目中，69.5%的人认为父母就是自己的偶像。是因为父母的社会地位高么？是因为父母有英俊的外表么？是因为父母知识渊博么？都不是，53.8%的青少年认为，是因为自己的父母"人品值得敬佩"。看来，那些处于反叛期的孩子的家长可以暂时松口气了。

与此同时，90后的自我意识也在不断表现，纷纷表示这世上没有什么人值得我崇拜，我崇拜的人只有我自己！1/5的人认为

没有人配得上"90后代言人"这一称号，5.7%
的人明确指出，自己才是90后的代言人！

沉湎幻想 vs 实际行动

陈绮贞在《吉他手》中唱道："为了他
我用力尖叫／为了他我用力跳／不在乎他们
和我一样贪恋你的微笑／为了他我往前冲吧
／再多的人也不怕／我最爱的吉他手今天和
我视线交错……"这就是一个小粉丝与心爱
明星即将见面时的激动疯狂和迷醉，但大多
数90后追星族对偶像的迷恋还是发乎情止
乎礼的，呈现"高度关注偶像的行为—情绪
随偶像而动—购买偶像相关产品"的行为模式。

近年来，"宅男女神"大行其道，调查
也显示，男生幻想与偶像交往的比例明显高
于女生。从男生普遍喜欢的90后女星如郑爽、
BY2等也可以看出，邻家小妹、清纯少女型
的美眉最令人幻想。与男生对偶像的支持更
多停留在意识层面不同，女生购买偶像相关
产品的比例远远高于男生。YY派与行动派，
你是哪一派？

高度关注偶像
的行为 ＞ 情绪随偶
像而动 ＞ 购买偶像
相关产品

青春不死 圈子永存

新生代有独特主见，对刻板、强力、威权形象反感，但看上去酷酷的他们仍然被"圈子"套牢：26%的90后最畏惧被人误解、失去朋友。90后的青春也有硬伤。

在电影《艋舺》的最后，蚊子说："如果黑道是这样，那我混的不是黑道，我混的是友情，我混的是义气。""义气"是专属于圈子这个范畴的，往里收，是"自私"，往外扩，是"牺牲"。义气，似乎和每一个青春都有关，要不然，各时代的你们、我们不会总被热血的兄弟电影狗血。从姜文

那段《阳光灿烂的日子》，到香港的《古惑仔》，再到台湾的《艋舺》，看在眼里的是别人的事，念在心里的是自己的青春。80后，穿阿童木的TEE、戴阿拉蕾的眼镜、看泪点很低的萌片、上豆瓣数买不到的零嘴……都已是回忆。不管你情或是不愿，青春已被90后接力。敲打后辈可能是人类的惯性，对80后的评点还未消停，关于90后的指指点点已是媒体新热，一边同情他们无伴的童年，一边担心长大后的他们如何会爱；一边评点他们种种的特立独行，一边高喊自己的青春光辉。然而，管你怎么酸，青春终究是他们的了；随你怎么愁，他们的青春有圈子为伴。

◀图/Yak

玩圈子，混时间

在鸟巢地下广场的 M 店，那个单薄男孩脚下约十厘米的松糕鞋撑大了我的眼，眼见他端着餐盘，并不顺畅地走到一桌唧唧喳喳的姐妹前。憋了一个冬天，他们刚忙完在国际会议中心的同人祭（可以简单理解为动漫界的庙会）。这是他们的圈子。他们混圈子，玩的不再是兄弟电影中的街头帮派，从街头文化衍生出的 B-box、街舞、极限运动才是他们释放荷尔蒙的理想之地；他们认识兄弟（有男有女）也不再限于一个大院或是一条街，地理不是界限，因为他们生于网络时代。标榜自我，不等于独身一人。他们要的是同好，特立独行是给不懂的人看的，那是一种宣言，"不懂，你就别来烦我"！——合意组群特征早在零点集团 1999 年《寻酷一代——中学生文化研究报告》中就露出了苗头，当时 49.2% 的 80 后中学生表示"喜欢与什么都懂的特活泼、特友好的大人交往"。建团、办刊，他们把一帮人凑在圈子里，把共同的兴趣和爱好提炼到炉火纯青。独生子女的身份

▲图/ Yak

反而扩大了他们社会活动的范围，他们把幸福、难过、快乐、恐惧种种青春的情感，都装在圈子这个容器里，同玩耍，同喜乐。只是，当圈子破裂时，那可能也会是对青春的他们的最大伤害——26% 的他们最畏惧被人误解、失去朋友——像《艋舺》中的那段字幕："那一年，我们进入成人世界，一去不回。"

除了圈子的建立不受地理所限，更优越

于过去那些几零后的是，他们的钱包更丰满。他们不需时时想着省钱这等子事，虽然他们也攒各种优惠券，需要他们费脑子的是，怎么玩，怎么打发时间。如果你曾对YouTube 上那些国外友人的各种玩法所咂舌，然后得出结论说是发达国家的人闲到蛋疼还有福利"包养"才能如此创意，那么，现在的好消息是，90 后的中学生也开始具备这个条件了：他们中 54.8% 的人周末时间投入在各种娱乐中；每月可支配的零花钱

▼图/ Yak

达 349 元，远超零点集团 1999 年《寻酷一代——中学生文化研究报告》中的 80 后中学生每月 68 元的零用标准；同时，他们还有了不受地域限制、可以随时交流共好的圈子。Best of YouTube，又一个中国人可望上榜的新榜单，拼的是玩的创意，寄望于 90 后。

保护火星文

他们玩得夸张，穿得出位，在喧闹与张牙舞爪的背后，更多的是享受表达的欲望，火星文即是热闹表达的成果之一。不会敲几个火星文，即使你不以为然，也会被旁人看做是 out 了——大多数人，是在意别人眼光的，即使 90 后。正是"从众"这一经典行为，让火星文发扬光大，进而引起了广泛讨论。对，他们就是把你惯常的、墨守成规的语言恶搞了，但你能说，没有那么一点点隐藏地觉得挺有趣么？这些特有词汇的产生，除了源自他们的特立独行，和为自己找标签的企图，还因为这个激烈变化的现实，时时处处都是解构的灵感。

暂不论火星文对文化的或积极或消极的冲击，就新思想的形成、生长而言，火星文有其积极的保护作用。以广东为例，服务员见人劈头就是白话，作为顾客，难免有被排外的疙瘩，但若此举初衷是排外的话，为何兼容并包、观点独到的传媒多数都生于此地？它对于外界是开放的，对于自身文化是认可的，所以，可收可放，可以消化诸多信息，然后琢磨出自己的道道。由此，我们可以大胆地乐观一下，"火星文"之于我们忧心的90后也有如此积极的意义。除了作为他们识别同好的标识，这也是他们对其思想进行保护的屏障，让这些稚嫩的、还经不起严密逻辑分析的思想不被那些自以为是的过来人所入侵，从而得以发展、成长。这种不被理解的"脑残"，给他们留下了一片思想的空地，有了空地，好多有趣精彩的事就会随之而来。

▲图/ Yak

我们习惯于从过去看过来，然后发现他们正在经历的时代只是我们众多生活阅历的某个片段，所以，我们总怕他们浅薄，怕他们脆弱；但是，往未来看去，我们将要经历的终将只是他们未来众多可能性的某个场景。青春不死，圈子永存，是每一代的我们的美好心愿。当然，现实已经告诉走过青春的我们，这只是一个心愿。

公益：社交混搭型，浅尝暗恋式

爱环保，爱动物，爱弱势群体，

爱四处游走，爱演讲，

也爱积极行动，他不是奥特曼，

也不是超人再世，他是刘思宇，

他只代表他自己。他和你一样。

他是90后公益达人。

　　生于 1991 年的刘思宇，已经是国际野生生物保护学会、联合国教科文组织、玛丽斯特普国家组织等颁发的多个公益奖项的获奖者，是"思宇责任社会"和烟台高校大学生公益联盟的核心人物，他的公益事业甚至已经延伸到为企业和其他组织公益工作做咨询的领域。这个 90 后公益达人的成熟速度着实让人大跌眼镜。这不禁让我们好奇，相比老一代公益人，80 后、90 后的公益生力军究竟有着怎样的特点？

让社交搭上公益的肩

　　在新一代公益人心中，做公益不仅仅是帮助他人、改造世界的纯粹理想，在他们看来雷锋式的公益理想既不现实，也不够酷。捧着予人的玫瑰、揣着改革的抱负来做公益的年轻人尽管还是主流，但也只剩下六成和四成左右。总体来说，在新一代公益人心中，公益的社交动机 > 利他动机 > 利己动机 > 理想动机。

　　在公益价值观的转变下，"增长见识"一跃成为做公益的第二大动机，而且在 90 后公益人中表现得更加明显。有 56.5% 的 90 后表示希望通过参加公益活动增长见识，比年

长于他们的 80 后还高出了近 10 个百分点（56.9%）、"学业繁忙不能兼顾"（44.7%）。也
（47.2%）；还有 20% 的 90 后表示希望通过参许正是体察到这种困境和 90 后"公益社交"
加公益活动积累人脉和社会资源，也比 80的想法，国内外各大社交网站都为组织公益
后"前辈"高出了 2.8%。这都确凿无疑地向活动敞开了平台，为忠实于网络的新新人类
我们指出，公益之于 90 后，已经在"献爱心"提供了更灵活、更便捷的参与公益的方式。
的基础上有了更多元的内涵和诱惑力。公益的效果如何暂且不论，但扩大社交的功

从另一个角度来看，未参加过公益活动能应该已经发挥出来，豆瓣上动辄上千人的
的 90 后主要受阻于"没有合适的公益项目"公益小组就是证明。

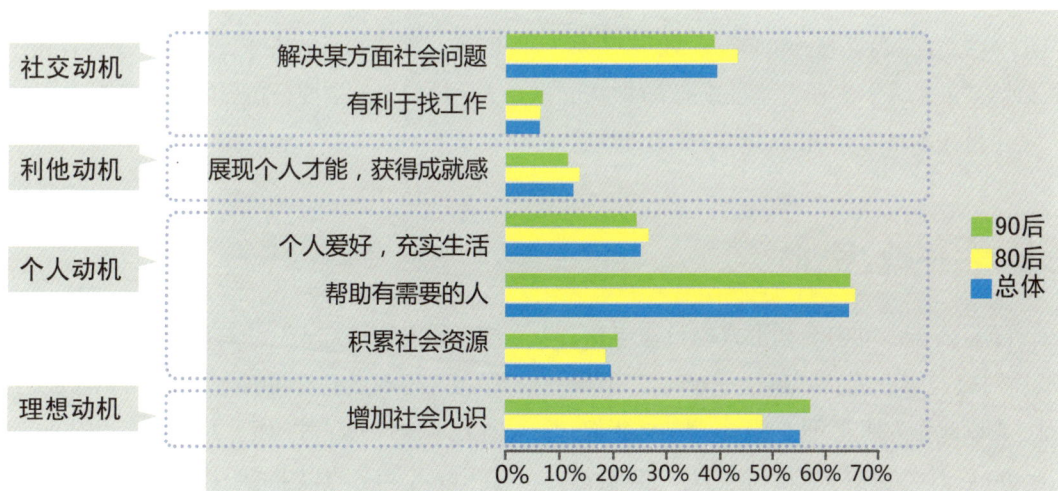

附图　80 后和 90 后参加公益活动的动机对比

低吟"浅尝"的 90 后公益

在调查中我们发现，目前 90 后的公益参与度低于 80 后。尽管参与过公益活动的占多数，但仍有 27.6% 的 90 后大学生没有参与过公益活动，比 80 后大学生高出了近 13 个百分点。在参与时间上，他们"浅尝"的特点更加明显，在参与过公益的大学生中，约有 84% 的人单次最长时间不超过一个月（80 后：78.7%），能坚持半年以上的只有 5%。但值得注意的是，这种"浅尝"，也许只是 90 后公益起步的一个信号。通过对 80 后公益"过来人"的调查发现，有 33.8% 的大学生是在本科二年级以后开始参加公益活动的，因此，90 后公益的进一步繁荣，还有待时日。

新公益人的"浅尝"，还体现在参与公益的领域局限性上。无论是 80 后还是 90 后都热捧"社区建设服务"和"帮助老弱病残"；而对"事件援助"、"环保和支教"持观望态度；最冷门的是"公平贸易"、"公益领域调研和政策研究"等专业领域，关注度和参与度呈现"双低"局面。而不幸的是，这些正是国内公益领域的紧缺人才，能否尽快弥补这个人才缺口，还需要公益界的进一步努力。

90 后的公益暗恋

随着公益活动内容和形式的日益丰富，90 后对公益事业的认同超过了 80 后。但谈到是否以此作为职业，他们跟 80 后一样犹豫。

90 后对公益更认同。他们对"公益活动能提供有效帮助"、"获得适当收益"、"有恰当的内容和方式"、"有得力的公益活动组织者"等观点，赞同的比例都达到半数以上（72.5%，59.7%，53.4%，75.5%），均比 80 后高出 6 个百分点以上。

　　但谈到是否以此作为职业，他们跟 80 后一样谨慎和犹豫。90 后大学生对公益的职业选择很谨慎，跟 80 后差不多，都只有 12% 左右的人愿意将公益作为长期职业方向，半数左右都表示目前还不能确定。看来恋上公益的 90 后不少，但能"响亮表白"的并不多。

　　值得注意的是，90 后投身公益事业的可能性也许并不那么悲观。在大学阶段，能确定自己长期职业方向的人本身就不多。从另一方面看，目前 90 后大学生对公益作为职业带来的地位、金钱和其他收益，都比 80 后稍显乐观，他们对公益创业的热情也更高（90 后：16.2%，80 后：14.2%）。因此，90 后公益生力军的蓬勃仍然值得期待。

参与的领域（%）

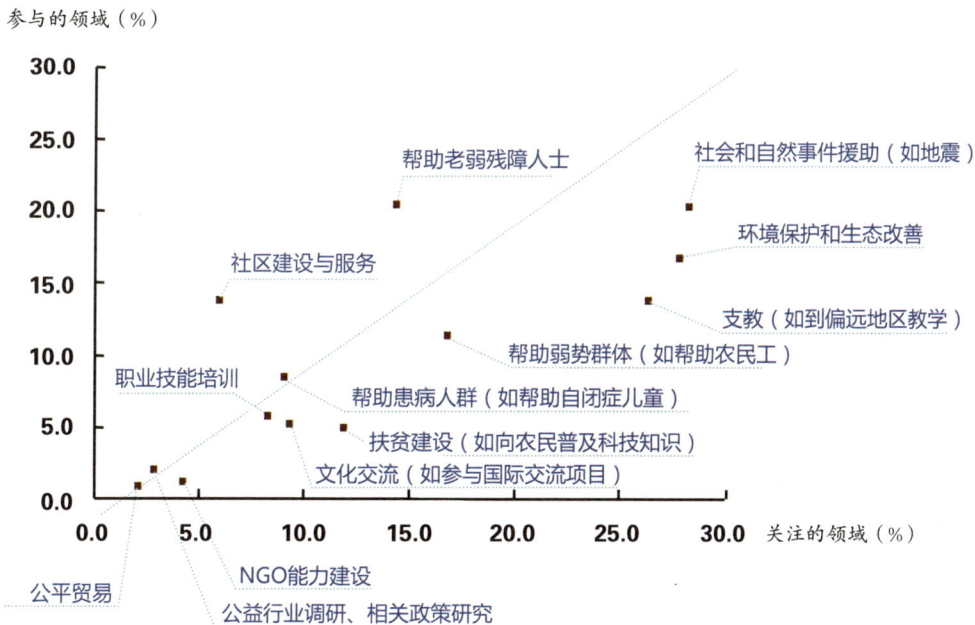

附图 80 后和 90 后关注和参加公益活动的领域

网络生活：
活在私密空间里

33.5%的90后表示自己有微博；
54.5%的90后表示不反感网络语言。

互联网网住了90后的私密空间。请看，诸如火星文、舶来词，他们的热忱如火，恨不得自己不是来自地球；再诸如开心网、QQ群，他们忙着小社交，忙着轻晾晒。你会分明地感觉到，他们在织造他们的私密空间，并用个性来装点门面。但是面对席卷而来的公共大场面，如微博，他们却有点落伍了，说不感冒也许更合适些；就是网下动员，他们虽在升温却并不热乎。也许他们就是爱私密吧。

Have fun，放松不放纵

送走小人书一代，再送走电视一代，留下的就是纯正的电脑一代了。网络好不好，不好说；信息爆炸了，无所谓；90后要的东西很简单：Have Fun！一切都在快速变动，甚至面目全非，不要紧，他们已经习惯于新鲜、好玩和刺激，让深入让持久见鬼去吧。

在90后大学生的业余生活中，包含网络视频在内的影像娱乐的提及率达到91.9%，网络在线聊天的提及率也达到了75.3%。而网络游戏在90后大学生整体中的提及率虽然只有49.1%，但在男生中的提及率达到了64%。虽然手机在90后中的普及率已高达98.9%，但是90后大学生最常使用的手机功能仍局限于发收短信（79.2%）和打电话（78.3%）。

娱乐到底，快乐至上

他们热爱八卦，热爱娱乐，讨厌深刻，讨厌思考；他们的原则就是：娱乐到底，快乐至上。网络中，视频深得他心（91.9%）；视频中，影视剧、综艺娱乐让他心碎（42.6%和38.9%）。多少人熬夜等待最新美剧的下载；多少人津津乐道日韩综艺明星的最新动态；多少人不吃不喝观看在线连续剧……一天没跟上就out了，有没有？和朋友就没话聊了，有没有？在这些丰富的视频资源背后，带动了多少少男少女在贴吧、论坛上的疯狂讨论。与电视相比，网络视频不会在广告中插播电视剧，可以随时快进随时暂停，甚至可以边看边扔臭鸡蛋和烂番茄。这些特点都迎合了90后口味多样化、选择自由化、休闲娱乐化的行为特征。只要一台电脑，一根网线，谁还要看什么新闻联播？

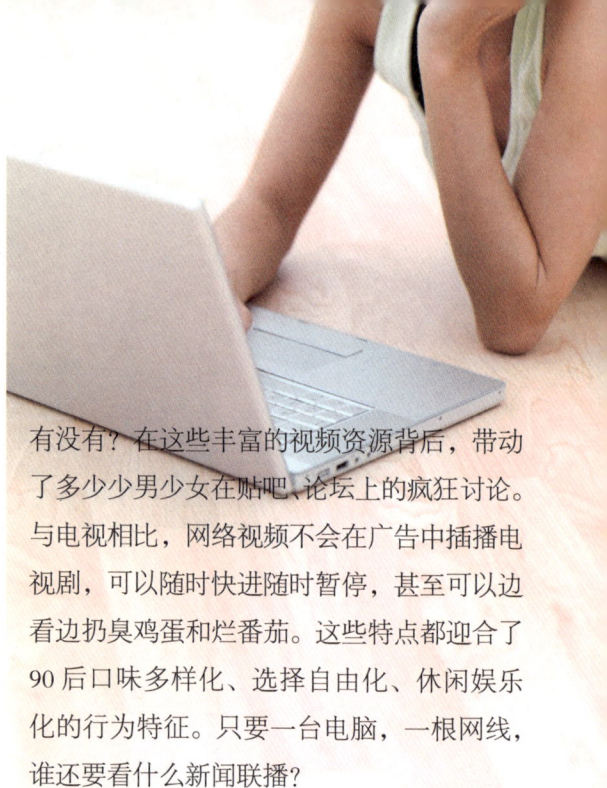

娱乐圈逃出手掌心

31.6% 的 90 后大学生**从不**用手机上社交网站；
39.5% 的 90 后大学生**从不**用手机收发电子邮件；
41.0% 的 90 后大学生**从不**用手机上微博；
53.3% 的 90 后大学生**从不**用手机收看直播的电视节目。

　　手机人手一部了，网络也都联上了，娱乐圈却还遥远着。90 后大学生最常使用的手机功能仍局限于发送接收短信（79.2%）和打电话（78.3%）。玩微博，上社交，他们就是不用手机。要是听歌、拍照，手机就有大用场。音乐是粮食，是水，是空气，公交上、地铁上、马路上，甚至课堂上，摇头晃脑沉浸在音乐世界里的小青年儿们随处可见，手机里不存几 G 的流行歌曲你都不好意思跟人打招呼！而自拍，是女生们的最爱，抛弃笨重的相机吧，要的就是手机这种无时无刻的存在感。"一二三，茄子！"彩信蓝牙发送，互相赞美一番，别提多有面子！

　　90 后如此依赖电脑，90 后如此囊中羞涩

买不起智能手机，手机网络质量又是如此不给力，有木有？有木有？终于，水果手机出现了！小机器人开始发威了！手机网络体验越来越好了！伴随着手机功能的日益强大，90 后的网络娱乐世界将逐渐转移到拇指之间，利用碎片时间来接收信息将成为大势所趋。

虚拟世界，谁来做我的"麻吉"

最早我们扔漂流瓶，漂洋过海阴差阳错连接了两个陌生人；后来我们交笔友，把思念装进信封贴上邮票，承载的是漫长的等待；现在我们结交网友，一篇帖子一条留言就能在当天召集众人。社交网络化，网络社交化。90后在这样的环境中成长，"朋友"这个概念已经模糊化，再也不仅局限于一同穿开裆裤、手牵手上学、互抄作业的小伙伴了。相反，一旦90后离家上了大学，从小一同长大的死党就成了"网友"，真正的网友却在现实生活中频频见面。虚实交替，网络与现实模糊重叠，90后的社交圈从蜘蛛网变为鸟笼。

调查显示，在90后最喜欢浏览的网站中，社交网站名列第三位（29.5%），仅次于搜索引擎和门户网站。90后上社交网站主要进行的活动为：发发状态（31.3%），在线聊天（30%），写写日志（30%）。38.6%的90后称，自己在网络上有5至10个朋友，超过一半的90后经常参加网上组织的活动。

我要做制造信息的"晒客"

嘟嘴、45度角、修片，忙活了一小时的西西终于把精心挑选的几张照片上传到了开心网的相册。但这只是个开始，几分钟后，开心网提醒她："东东评论了你的照片"。西西兴奋又紧张地点开了评论……在90后最喜欢的非信息获取型网站中，社交网站已独占鳌头（29.5%）。而90后上社交网站主要进行的活动为：发发状态（31.3%），在线聊天（30%），写写日志（30%）。伴随这种自我展示欲望而来的是对他人反馈结果的渴望和焦虑。收到评论便心花怒放，无人问津就垂头丧气，一幅照片一篇日志掩盖了多少屏幕那头的小纠结、小矛盾、小不淡定啊！

然而大学生和中学生的网络社交行为却有大不同。大学生更愿意担当信息的消化者和传播者，更流连于转发、看日志、浏览网页；

中学生却是信息的忠实制造者，写写日志，换换状态和头像，乐此不疲。90后正处于一个信息爆炸的时代，他们在倾听来自不同渠道不同立场的声音之余，也渴望传达自己的想法，渴望摆脱"幼稚"和"空洞"的标签。

> "上网一般查资料，看娱乐新闻，拓展视野，增长见识，我跟朋友出去好有共同话题，不然没的聊，多尴尬，新闻在网上看标题，我从来不点，知道就行了，不需要深入了解。"

网上招兵买马，扩大社交版图

其实，用一个词来描述90后，最恰当的应该是矛盾。他们一方面不愿意长大，另一方面却总在感叹"我老了"。这种矛盾也体现在网络生活中。他们一边隐身挂QQ，连招呼都懒得打；一边在论坛、贴吧、豆瓣、QQ群上认识新的朋友。38.6%的90后称，自己在网络上有5至10个朋友，超过一半的90后经常参加网上组织的活动。

没有人知道你在现实生活中是什么样的人；网络聚会合则来不合则去，一次失望下次并无义务前往；通过网络你可以结识更多与自己有相同兴趣爱好的人，爱cosplay，爱滑板，爱摄影，爱桌游，随便你爱什么。

粉丝们在机场等待他们心仪的偶像，他们大部分是学生，甚至分布在不同的城市。

通常在百度贴吧有固定的讨论。遇到明星的
重大事件，一个个活跃的 ID 便成为现实生
活中兴奋的身影。

微博风袭来，90 后表示淡定

　　2010 年起，"织围脖"之风袭来，这股
风顺势也刮到了 90 后一族中，但在这里风
力似乎减弱，影响力并不明显。仅有 33.5%
的 90 后拥有微博，对微博这种带有自说自
话性质的平台 90 后并不感冒，他们更倾向
于直接、面对面的交往，习惯信息的快速传递。

　　就是玩微博，玩的也是八卦，而八卦明
星更是给力了。90 后微博用户加关注榜眼花
落娱乐明星（34.2%），姚晨以 500 万的粉丝
数被称为"微博女王"，90 后也功不可没啊。
90 后正处于偶像崇拜的青春期，明星的一举
一动都牵动着他们的情绪，而微博正好提供
了一个围观的绝佳平台：在虚拟世界里与偶
像互动，在他（她）的碎碎念下面留下足迹，
实现随时随地的追星！

80后来自地球，90后来自火星

曾经失散多年的好友在 QQ 上加你，对方的个性说明中写道："+.. ミ軙銪傻瓜才會⋯⋯→为愛掉眼淚 ... ミ"，不必讶异，你看到的不是乱码，而是一种目前盛行于 90 后网络世界的专属语言——火星文。当然，这股风潮已经蔓延至 80 后甚至 70 后！

据说，火星文最早发端于台湾，而在中国内地，火星文常见于 90 后所热衷的网络游戏、QQ 个性签名等。在 90 后看来，这是一种时尚，一种特立独行，一种自我标榜。

他们玩得夸张，穿得出位，在喧闹与张牙舞爪背后更多的是在享受表达的欲望，火星文即是热闹表达的成果之一。不会敲几个火星文，即使你不以为然，也会被同辈群体看做是 out 了——大多数人，是在意别人眼光的，即使 90 后。正是"从众"这一经典行为，让火星文发扬光大，进而引起了广泛讨论。对，他们就是把你惯常的、墨守成规的语言恶搞了，但你能说，没有那么一点点隐藏地觉得挺有趣么？这些特有词汇的产生，除了源自他们的特立独行，和为自己找标签的企图，还因为这个激烈变化的现实，时时处处都是解构的灵感。

曾几何时，90 后被打上了非主流甚至"脑残"的标签（是否有这种病症还待医学界给出结论），因此 90 后任何出位的言行举止都会招来网络卫道士的抨击。但是对于 90 后来说，他们苦于摆脱庸俗和大众化，而这种欲望在现实的刻板教育下无从宣泄。他们急于彰显自己的个性和不凡，在为赋新词强说愁的年纪里文字是最好的发泄工具。但空洞的内容过于苍白，只有文字样式的再创新才是对青春的最好注解。90 后为火星文打出了这样的标语：不怕你批评，不怕你不懂，只怕你不看！但随着 90 后逐渐长大，走入社会，还沉湎于火星文难免显得幼稚。如同星爷所说："你还是回火星吧，地球是很危险滴！"

"对于我们处于这个年龄段的人来说，我们追求个性、时尚、别出心裁的东西，希望成为别人眼中的亮点，所以没过多久我就开始研究这样的文字。"

火星文来了！

请不介意地大力吐槽吧

2010 年，一部《搞笑漫画日和》走红网络，而这一系列来自日本的动画短片之所以在中国的 90 后中引发追捧，不仅在于其诙谐无厘头的内容，最重要的是幕后的中文配音产生的巨大"笑果"。而诸如"给力"、"我嘞个去"、"妥妥儿的"等已成为 90 后在互联网上嬉笑怒骂的常用语。

如果说，火星文是对汉字形式的创新，那么这些在字典上完全查不到的网络语言便是对汉语词汇的创新。除了"给力"、"神马"、"浮云"等从网络走向日常生活的词语外，绝大多数的词语只能见诸互联网，而将它们传播开来的，正是深受日本动漫和网络恶搞影响的 90 后们。

其实，与火星文不同的是，对外来词的运用更多的是青少年一种下意识的表达罢了。他们在与日本动漫为代表的外来文化的频频接触中，难免将自己所阅读的语言自然地呈现出来，而由于文化的差异，许多日语单词只能意会不能言传，因此类似"御姐"、"控"、"王道"、"残念"等独特的文字组合方式反而能带来新鲜感，受到青少年的追捧。

不给力啊 sensei...

我勒个去 minami-ke

我灰常不想就酱紫长大

谁没有过小学语文课上被老师矫正发音的经历？谁没有口音被嘲笑的尴尬？但现在90后的网络发声趋势便是：就不好好说话！

"介位童鞋，你肿么了？"呃……我没有肿啊。好吧，人家只是善意地提醒你："这位同学，你怎么了？"诸如此类还有"盆友"（朋友）、"孩纸"（孩子）、"有木有"（有没有）等。当我们为这种独特的发音感到困惑的时候，90后却认为这样说话很可爱，很"萌"，仿佛一个刚学会说话的孩子正嘟嘟囔囔地冲你撒娇。

其实，谐音最初可能只是一种输入时的失误，但经过以90后为代表的网民的"发扬光大"，反而被赋予了一些小智慧和小调侃，显得很"有爱"。而且，很多谐音都与中国香港、台湾地区的普通话发音颇为相像，给人一种嗲嗲的感觉，恰恰体现出90后拒绝长大、拒绝乏味、拒绝官腔的语言特征。

90 后已形成了自己的网络字典

炒作？恶俗？靠边站！

不要以为 90 后就是网络语言的疯狂拥趸，他们也有自己讨厌的网络语言。每一次网络恶搞大潮袭来，总会在沙滩上留下那么几句插科打诨般的流行语：犀利哥"抽的不是烟是寂寞"；贾君鹏被妈妈叫回家吃饭了；小市民来打酱油了；官二代老爸都成"李刚"了……

调查显示，10.6% 的 90 后表示最讨厌这种没有实质内容的网络恶搞语言。他们拒绝恶俗，拒绝靠炒作走红，这种既不"萌"又不"控"的语句，注定是网络世界的过眼云烟，事件的热潮一旦过去，哥你就真的成为被人嘲笑的"传说"了！

"史上最有型乞丐"，掀起了一股网络恶搞风潮，但恶搞最终沦为恶俗。（注：图片来自网络）

网络热潮，深呼吸

QQ 刚开始火那会儿，见网友如初尝咖喱，新鲜刺激，多与风花雪月有关。眼见纯真单薄的心灵经不起谎言之伤时，社会及媒体开始反复提醒，"网络有风险，见面需谨慎"。所幸，网络交友并未因风险而偃旗息鼓，反倒是交流互动更加全方位发展。在零点集团 1999 年《寻酷一代——中学生文化研究报告》中，51% 的 80 后中学生就曾大胆预测：2000 年后，大多数中学生都将可以上网。如今，网络工具已成为 63.7% 的国内中学生惯用的日常交流方式。当下，网络通过自我完善为我们提供了线上"验货"手段，大大降低了线下见面的风险——某人的日常生活以及他的朋友信息触手可得——"验货"可靠的前提是，绝大多数人没有足够的成本和精力在可以"云计算"的网络中为自己造一个"楚门的世界"。利用网络动员已经日渐成为帮助"独身"90 后摆脱寂寞的靠谱手段，通过网络谈情说爱或者玩暧昧未免大材小用，如果臭味相投，不妨大家一起出来做点什么。

【打开QQ，随时随地与好友聊天

【要找臭味相投的陌生人，上豆瓣小组

【要找老同学，上社交网络

【想和名人偶像聊聊天，微博，不妨试试

线下活动，娱乐公益两不误

曾经的 70 年代，扛上小板凳，一路呼朋引伴，到了坝坝，开始各种聊天闲扯，占座 90 分钟，为的是看一场坝坝电影。如今，2000 年往后数，不用担心露天坝坝的斜风细雨，养眼的 3D、震撼的音效都是影院的常规配置，可是上哪吆喝同伴——他们有网络——18.3% 的 90 后经常参加网上组织的看电影等娱乐活动。众多早 80 后，估计都有老师带队、小朋友手拉手上电影院的集体记忆。学校组织看的电影虽说多是主旋律，不过，能借着接受宣传教育的机会离开教室出去放放风，就相当偷着乐了。现在，学校不再组织这类计划经济式的活动了，只是，一个人孤零零地坐在电影院实在是件惹人"怜悯"却不惹人爱的事情。于是，学校组织的手拉手发展成了网络组织的手拉手，方式变了，不变的是情感需求或者说是一种集体体验。

90 后并非只在娱乐活动中发挥网络的组织力，积极参与网络组织的线下公益活动的比例已过一成，达 12.9%。赵捷，厦门大学

一名新闻学专业在读研究生，在创建厦门大学的 NGO 超市前，曾头脑发热组织过一些公益性活动。某年回家过年，想做一个调研项目，苦于志同道合的兄弟们不在身边，于是就抱着试试看的心态在豆瓣上吆喝了一嗓子，轻巧地"忽悠"到四五枚大好青年。虽然，最终这个项目有花无果，但用他自己的话说是至少在有限的范围内增加了感性认识，拓展了思考的空间。同时，这些经历让他很直观地感受到，公益，可以是一场群众运动。

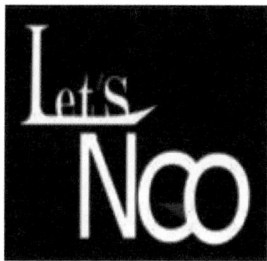

大龄叮当 NGO 家庭超市——为厦门当地 NGO 和家庭制定以家庭为单位参与公益活动的方案，普及公益意识，以期降低参与门槛，将厦门市民的公益日常化。

虽说，还有 39.7% 的 90 后从未参与过网络组织的线下活动，不过，作为一个从无到有的过程，我们看到了网络动员力的升温趋势。

折腾累了，一起发发呆

网络使他们的念头和兴趣可以不仅是纸上谈兵。借力于网络，一个人走在路上，一个人坐在房间，只有拿着手机，对着电脑，但你知道"不是一个人在战斗"。具有相似观点的个体在网络上快速聚集，更快地把想法转化为行动，大家一起折腾。当沟通成本已被网络大大降低时，单打独斗这件事在技术上变得很容易避免。

只是，当他们时时刻刻被交流与分享包围的时候，如何辨别信息的价值，抑或神马都是浮云？当他们积极地把想法转化为行动的时候，如何通过过程校正预期，抑或经历即是财富？

可惜，浮云会成为积雨云，过程却不会自动转化为财富，它们需要思考的锤炼。为了更有效地"折腾"，他们是否需要暂停一下忙碌，纵容自己"发发呆"？发呆，其实是件比"折腾"还闹心的事。它把你从各种忙碌和玩乐中抽出身来，然后，再把你扔进迷茫中，一如罗曼·罗兰笔下的约翰·克里斯多夫。

请别厌弃迷茫，如果你有耐心看完《约翰·克里斯多夫》，你会发现，它是成长赐予青春的特权，因为此时的你有无尽选择，即使错了，青春也让你输得起。前提是，你有把过程转化为财富的能力。已经在网络中"动"起来的 90 后，让我们一起静一静，深呼吸。

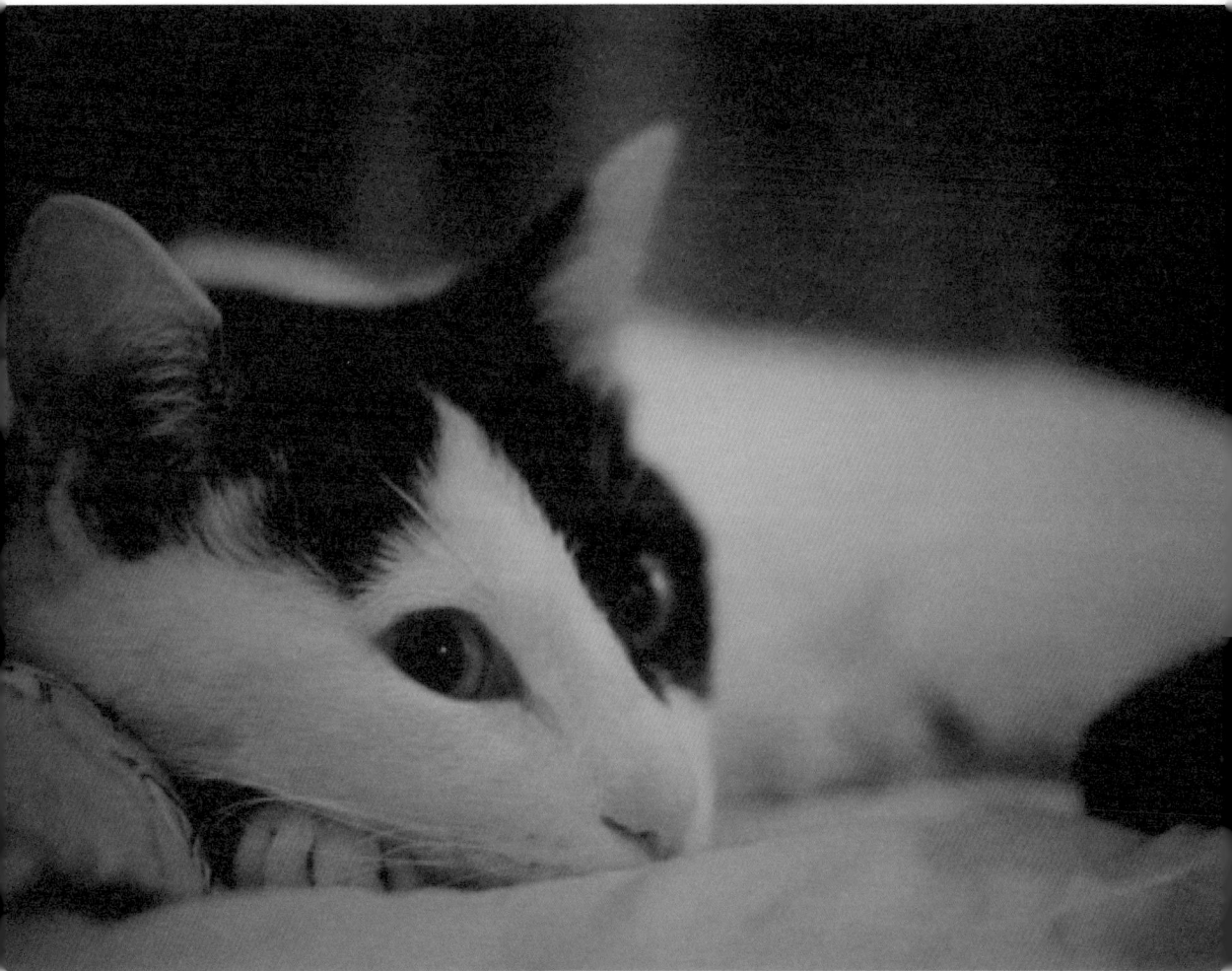

▲图/ Yak

90后的最爱：
玩味刺激，热爱极简

91.9%的90后喜欢娱乐综艺节目及网络视频；
25.9%的90后最爱看情节简单的偶像剧；
32.8%的90后追捧"有悬念、出人意料"的广告；
49.4%的90后想回到唐朝。

90后奉行娱乐至上的极简主义。"Entertainment First" 和 "Less is more" 就是他们的生活准则。不要奇怪，他们会把你费尽心机奉上的长篇大论踩在脚下，却爱那新鲜而快速的、直接却意外的信息。只有 90 后，才会一厢情愿地 fan 着情节单纯的偶像剧，梦想穿越后回到古代。在他们看来，简单就是快乐。只有梦回唐朝，才是摆脱和释放。

浅尝深醉，"乐识"主义正当道

只要是关于娱乐的节目我都喜欢

其实不怎么看书，以看杂志为主，因为不喜欢看字

上网一般查资料，看娱乐新闻，拓展视野，增长见识

大段的文字不看，懒得看

贴近生活，娱乐身心

新闻在网上看标题，我从来不点，知道就行了，不需要深入了解

搞笑的，现在学生都喜欢看

调查显示，半数的 90 后最爱看《快乐大本营》、《天天向上》这样的大型综艺节目。在 90 后大学生的业余爱好中，包含网络视频在内的影像娱乐的提及率达到 91.9%，网络在线聊天的提及率也达到了 75.3%。网络游戏在 90 后大学男生中的提及率达到 64%。90 后的娱乐世界呈现浅层刺激、深度沉迷的特征。

狠狠爱穷开心，我是娱乐大玩家

　　20年前，全国人民都收看同一个节目——《新闻联播》；10年前，大多数家庭的电视都配备了遥控器，我们终于可以自由地选择自己喜爱的节目了；现在，电视频道越来越多，节目形态越来越多样化，按说如今的青少年应该是很幸运的，但为什么每个周六的晚上他们还守着芒果台那个"老"节目乐不可支呢？

　　调查显示，半数的90后最爱看《快乐大本营》、《天天向上》这样的大型综艺节目，也许这样的节目有搞笑的主持群，有一茬一茬的明星，但最能打动90后的，正是那种抛开一切、傻笑呵呵的极情体验。90后们虽然还未走向社会，但学业这唯一的压力已经够他们受的了，在有限的看电视的时间里，谁愿意看扯不断理还乱的家长里短？谁愿听一板一眼的专家说教？90后不追求卓越，只追求快乐，大型娱乐节目就像一朵巨大的浪花，扑过来又走了，看完之后什么也不会留下，但你无法抗拒它袭来时澎湃的快感。

　　你无法言说这是一种荒唐还是

一种理性，90后早已从父母和媒体那里感知到自己未来将要面对的压力。深度娱乐刺激只是一种精神世界的暂时放空罢了，即使娱乐节目的笑料烂到不行，他们也要用哈哈两声来证明自己还有感受快乐的能力。研究发现，90后讨厌沉重感，深刻、沉重和枯燥的东西也要幽它一默，18岁以下的90后连广告都喜欢那种幽默搞笑的。你够无厘头，你才是懂我的。

浅接触广撒网，我是资讯八爪鱼

21世纪，人类迈入了"信息爆炸时代"。在这个时代，信息依靠多种形态的信息媒体、透过复杂的信息网络系统传递给大家。Internet的盛行，把信息的交互传递推向高潮。在纷繁杂乱的信息爆炸时代中长大的90后，一切都在快速变动，他们已经习惯于接触更广泛、更新鲜的信息，而不是掌握更深入、更持久的知识。在他们看来，那种花上一天时间去深度阅读和思考的行为，实在是对生命和时间的浪费。

在90后大学生的业余爱好中，包含网络视频在内的影像娱乐的提及率达到91.9%，网络在线聊天的提及率也达到了75.3%；而网络游戏在90后大学男生中的提及率甚至达到64%。可是另一方面，书籍、杂志和报纸等阅读活动在他们的业余生活中的重要程度还不及网络聊天。作为信息的接收者，90后崇尚浅度体验而非深度经历，他们恨不得伸出好几个雷达，将娱乐、体育、时事、时

尚等最新动向一网打尽。同样是一个小时，阅读书籍也许只能记住一个故事，但有了互联网和多媒体，视频观看、论坛灌水、好友聊天可以同时进行，信息的吸收速度和广度无疑会提高 N 倍，况且在这个过程中还能获得浅层而又直接的感官享受。但至于在这种浅层的信息互动过程中究竟能汲取多少真正的养分，那就不是 90 后关心的问题了。过去，高尔基说"书籍是人类进步的阶梯"，恐怕现在我们得说，"互联网是 90 后进步的阶梯"了。

玩味刺激的广告风正劲

90 后喜欢的广告风格

泛广告时代，广告不仅是一种商业手段和营销产物，同时也是一种文化现象。甚至可以说，广告已经超越本质成为当下最有影响力的社会化体制。它能够敏锐地捕捉到时尚领域和社会思潮最前沿的脉搏，同时也构筑了大众媒介的内容，控制着一些很重要的文化体制和流行元素。

广告用视觉的方式将某些意识形态和价值观呈现出来——你一定见过那些呼吁保护动物的公益广告，也对宣扬同性之恋的广告有所耳闻；广告以极具震撼力和情绪煽动力的方式，把一些生活方式和理念推到公众面前。你也应该见过那些用大块绿色组成的提倡低碳环保主题的海报，也可能看到过那些夸张、刺激神经画面来烘托暴力之恶劣，来抵制家庭暴力的图画。

广告用它特有的方式推动着社会文化的发展，反映着人们或主流或新潮的价值倾向。

这，也正是我们希望从 90 后喜爱的广告片中发现的。

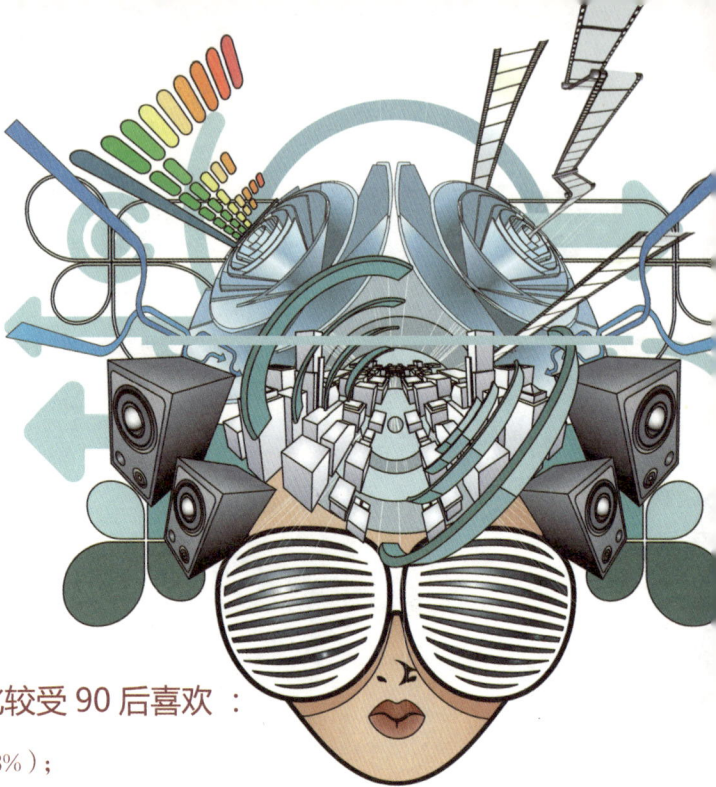

在我们的研究中，有三类广告比较受 90 后喜欢：

● 有悬念或有创新，出人意料的（32.8%）；

● 幽默搞笑的（31.2%）；

● 明星阵容的（30.9%）。

研究上述三种广告，我们可以找到一些蛛丝马迹：

● 它们是画面精美、色彩浓郁的——符合视觉系 90 后的审美倾向；

● 它们是富有冲击力、情绪饱满的——跟 90 后的年轻态非常搭；

● 它们是充满喜感和乐趣、让人忍俊不禁的——照顾了刚从童年走过，还不愿意接受沉重话题的 90 后；

● 它们是紧扣从 T 台上走下来，潮味十足又新鲜可口的——这样才不会被出生在信息高速公路上，含着网线长大的 90 后所鄙视；

● 它们是叛逆大胆、敢说敢做的——强烈挑动了 90 后那根不愿意尊崇权威、主张自我的神经。

　　我们可以认为，90 后喜欢的广告，是其价值取向的外化表现。它们迎合了 90 后作为移动互联时代成长起来的年轻人对快速的信息接收处理的习惯；叩准了他们一贯强调个性，寻求个人价值认同的心理；宣泄了在竞争环境中成长的这一代渴望自由、盼望摆脱和释放压力的情绪。

　　没有做不好的广告，只有没把握准确的人心。想要吸引 90 后的目光，那你的广告也需要多点刺激。

我只想这样简单地长大

不知道从什么时候开始，怀旧之风吹遍神州大地，70后、80后掀起集体怀旧热潮，各种"老男孩"青春出动，试图将过去种种小情怀一一翻遍。为什么怀旧？还不是因为走入社会后我们发现生活其实根本不是那个样子？想要的太多，拥有的太少，过度的欲望无法满足，谁不想回到学生时代那个无欲无求、简简单单的时代？

可是现在的90后吧，你说他们的生活简单么？手机、相机、电脑、MP3、PSP各种新潮玩意儿层出不穷；课业压力、家庭压力，还有情感压力接踵而至；甚至逛街吃饭上网都面临着丰富到极致的多样化选择。90后已逐渐进入"准物欲时代"，看似挑花了眼，但他们要的正是浮躁之中的些许小平淡和小美好。

简单生活：纷繁世界下的新主张

90后奉行极简主义，惧怕复杂繁琐，他们奉行"less is more"的生活原则：45%的青少年最爱简洁舒适的运动风格服饰；近两成中学生认为卧室简单温馨最好，床舒服了就行；64.5%的青少年喜欢拜访时间节省、食材简单的麦当劳叔叔和肯德基爷爷……尚未走入社会，他们还不知道成人世界的包包要LV才好，出行要开车才好，房子要大的才好。清新的花季少男少女是无法承载庸俗和累赘的，即使是在物质极大丰富的现代社会，青春也要像那张无畏而素面朝天的脸，要的就是这份透着自信的简单！

如果生活可以像一场偶像剧

生活方式的简单化似乎有向大脑侵袭的趋势，超过25%的90后最爱看偶像剧，大陆的、国内港台地区的、日韩的、欧美的，统统来者不拒。在成年人看来有些幼稚甚至脑残的弱智情节，在90后那里却成了无比美好的幻想世界。在这个世界中，相貌普普的平凡少女只要凭借所谓的顽强就能收获富家少爷的爱情，男女主角可以不用上班不用上学只需身着华服你侬我侬即可。其实从偶像剧的角色设置中我们也可以看出90后那种崇尚简单过生活、简单做自己的想法：这孩子一定是要单纯而坚强不被世俗污染的，这孩子一定会被坏人鄙视甚至欺负的，这孩子最终一定会依靠自己的力量获得幸福的！偶像剧里的故事看似线索简单、情节夸张，但这种人定胜天的大团圆路数确实是有规律可循的，90后们就在这一次次的幻想体验中完成了视觉的享受和心灵的愉悦。

所以，当我们嘲笑90后为各种各样的花美男痴狂的时候，是不是也应该想想，至少他们有相信的东西，有幻想的对象，那种单纯和执著是我们不忍打破的。也许有一天，他们会发现自己当初的追求是那么朴素，愿望是那么简单。

90后 says:

平时喜欢喝咖啡，最喜欢用咖啡豆现磨出来的苦咖啡的味道。但是一般都是喝雀巢速溶咖啡。要是买来咖啡豆现磨的话，太麻烦了。有很多道工序，还要弄很多的瓶瓶罐罐，喝完之后洗很多的东西，还是算了吧。

我的穿越**我做主**

毋需嘲笑青年人不切实际的幻想，穿越不是对历史简单的亵渎。90后一代选择了一种看似不合逻辑的方式来逃避现实的压力，穿越无罪，穿越有理。

当师奶们还在津津乐道《宫锁心玉》《灵珠》这样的穿越电视剧带给她们的新鲜感的时候，90后一辈早已开始讨论下一部被搬上荧屏的应该是哪部穿越小说了。90后是互联网的一代，是多渠道信息接收的载体，在网络、文字和电视的三重冲击下，他们的思维变得异常活跃，同时也异常发散。因为听到了多种声音，他们不再盲目屈从于权威，甚至开始调侃历史。在互联网的世界里天马行空，充分发挥自己的想象力。

请把我留在，在那穿越里

"如果有可能，我想穿越到最最远古的原始时代。广袤的大地，清新的空气，恐龙在自由地漫步，人们都在漫不经心地生活着。没有压力，不用高考，想吃就吃，想玩就玩，想睡就睡，简单而快乐。"

但凡人们希望逃避现实的压力时，总会想到陶渊明所描绘的那种"阡陌交通，鸡犬相闻"的生活，而对于整日埋首功课的90后来说，语文课本中所呈现的古代美好生活成了他们幻想摆脱课业压力的首要出路。在那个世界里，没有高考，没有人际关系的压力，没有父母的期许，没有老师的唠叨，有的是农夫、山泉、有点田；不用为没抢到最潮的球鞋而烦恼，不用为买不到iPhone而郁郁寡欢，只需"采菊东篱下，悠然见南山"。

面对压力选择逃避，是人的一种本能，而穿越的出现，不仅让人们得以逃避，更有了意淫的空间。你可以幻想自己是穿越到清宫的妃子，那里有一位霸道而又温柔的阿哥在等着你，哪怕现实生活中你只是一只丑小鸭；你还可以幻想穿越回金戈铁马的战国时代，凭借自己的历史知识指点江山，哪怕现实生活中你唯一能指点的是你家的小狗……对于90后而言，这些看似荒唐实则甜蜜的想象都可以在穿越中得以实现。

巨大的课业压力，让90后有些"冲"不动了

穿越小说正当红

宁做盛世 P 民，不做乱世英雄

"我想回到唐朝。唐朝社会经济发展水平高，唐高祖以来的皇帝都比较开明，虽然还是封建社会，但是民主的雏形已经显现，贪污腐败现象没这么严重，地方官员还是为人民服务的。如果我是那个时代的人，我一定会比现在抱有更大的信心，对前途更有抱负，通过自己的努力能够实现自己的愿望。"

在我们的调查中，49.4% 的 90 后受访者最想回到唐朝，而最想见到的古代人物的前三位也均来自唐朝：唐太宗李世民（15.2%）、李白（12.6%）、杨贵妃（6.8%）。中华民族 5000 年的历史，为何唐朝最受 90 后的欢迎？历史长河中无数的英雄俊杰，为何这三人受如此青睐？

唐朝，是世界公认的中国最强盛的时代之一，政治昌明，民风开放，百姓安居乐业，文化高度繁荣，同时对外交流频繁，这是一个连现代人都无比羡慕的朝代。与那些希望回到乱世改变历史的人们不同，希望回到唐朝的人往往表达出一种对现实的不满但又无可奈何的情绪，能够回到盛世做一介 P 民已是最大的幸福，何必征战沙场表现无谓的英雄主义？在这样一个朝代，男性不用辛苦地养家，女性不用辛苦地减肥，闲来无事说不定还能与来自中东甚至欧洲的商人学者大侃特侃一番，是用汉语哦！

李白，作为一个文人，却在众多的帝王将相中脱颖而出，成为 90 后最想见到的历史人物之一。李白以文学造诣和酒风而闻名。无论是"千金散尽还复来"的豁达，抑或是"人生得意须尽欢"的洒脱，李白那种蔑视权贵、追求自由的精神恰恰符合目前青少年的向往。由此可见，90 后一代已换上"自由"的标签，"成功"和"名利"已成浮云。

面对历史，我不愿只是个看客

"我要当女皇，这就是我唯一的目的。"

无论在任何时代，青年人都是最具活力的一辈，他们具有极强的自我意识，自信而张扬。与希望回到盛世享乐的 90 后不同，还有一部分青年人已不满足作历史的观察者，更渴望作历史的参与者。他们手中已经掌握的知识，使他们面对古人更有优越感。当前的碌碌无为使他们沮丧，如果能将已有的历史知识和现代科技在穿越的过程中发挥得淋漓尽致，这种成就感将是非常奇妙的：有人想回到唐朝取代武则天的位置，天下唯我，我为天下；有人想回到三国时代，去劝劝那因为二弟之死而丧失了理智的刘玄德；有人希望去古代开一家酒楼，用现代的管理知识成功创业……一切在当下暂时无法实现的雄心大略，在穿越的世界里都变得那么简单。

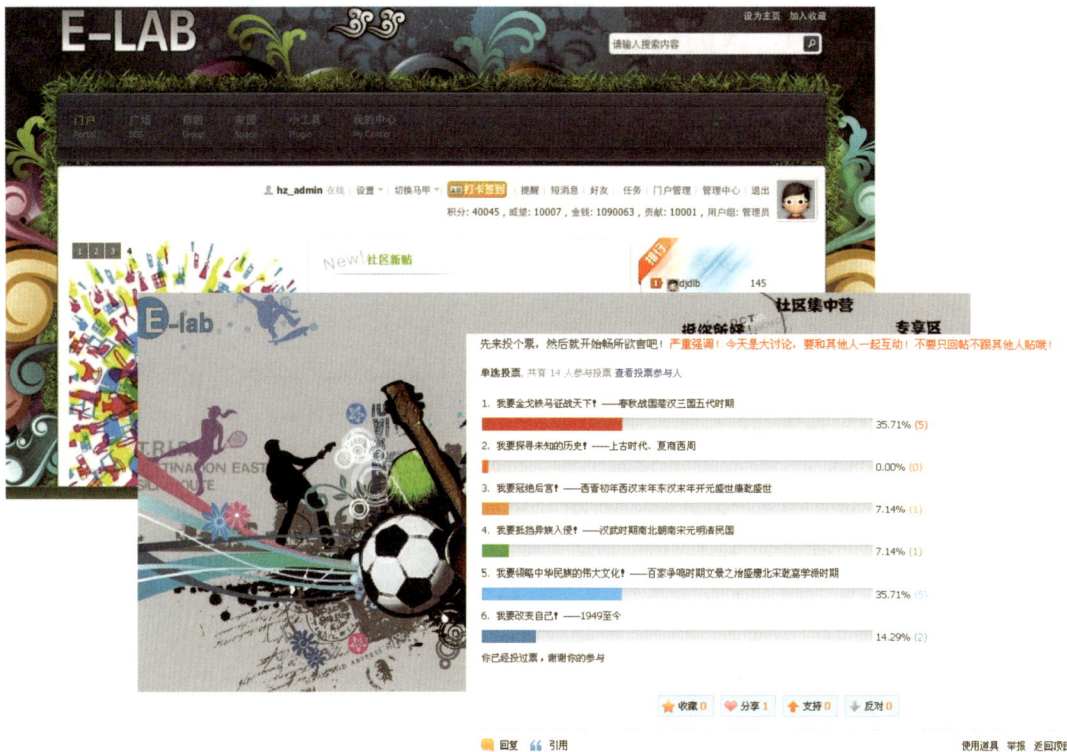

　　在零点集团利用 E-Lab 平台①所进行的研究中，90后回答穿越问题的热情最为高涨，众多受访者也表达了自己想穿越回唐朝或是战国时期的意愿。其中一名活跃分子如是说："其实回古代只是想想，我更想回到的是自己的过去。"

---

①截至 2011 年 1 月，中国网民规模达到 4.57 亿，互联网普及率攀升至 34.3%，手机网民规模达 3.03 亿，网民平均每周上网时长为 18.3 个小时。人们的生活不断向线上转移与叠加，他们在网上消费、搜集信息、学习、沟通、制造内容、娱乐、婚恋等线上已经成为人们通常的状态。研究咨询集团在 2011 年推出全新线上研究平台 E-Lab，这一平台依托 Web 及多媒体互动技术，构建了集线上测试、概念开发、产品创新、品牌营销于一体的整合研究平台。欲了解 E-Lab 详情，请登录 www.h-elab.com。

未来，无须天马行空，必须脚踏实地

"那里不用为了能源而烦恼，那里国家安全得以保障；

那里没有战争，那里世界格局相互牵制，不再是美国一家独大；

那里科技相当发达，汽车可以有着专用的通道，没有拥堵；

那里不再有社会资源严重不平衡；

那里全世界人民终于团结一致，当然也不能有外来侵略……"

　　在我们的调查中，不少青年人对"艰苦"的古代不感兴趣，更吸引他们的是未知的世界，"穿"到未来，似乎更有吸引力。在90后一代的想象中，未来被贴上了"和平"、"富裕"的标签。那里，交通方式发生了极大的改变，当前的世界利益格局被打破，生态环境得到改善……而结合到自己身上，90后对自己的设想是独立的、有成就的，生活更是丰富多彩的。

　　对未来的幻想在每一辈人的脑海中都发生过，但90后一代心目中的未来世界是更实际更合理的。他们认为科技并不会发生天翻地覆的变化，他们关注的是环境的改变、人际关系的和谐、世界政治经济的变动。而末世情结？2012？那只是90后口中互相调侃的谈资罢了，他们并不担心世界末日的到来，因为，活在当下才是最重要的。

中国风强势登陆

通过网络半路出家，通吃民间与乐坛的全创作新人，许嵩，近日签约海蝶，发行了第三张个人全创作专辑。原以为，中国风可能会是一时兴起的新鲜，现在我们不得不承认，中国风足以荣登音乐新经典。在这份90后最喜爱歌曲的 TOP 10 榜单中，中国风类占据三席，且齐刷刷地都位居前五，除了对周董的叹服——十个座次独居四席，还有对中国风的庆幸——《素颜》这首非周杰伦的中国风创作，热辣辣地上了榜——中国风不再是专属于某人的独家特色。

90后最爱歌曲 TOP10

	一	二	三	四	五	六	七	八	九	十
歌曲	简单爱	你不知道的事	小酒窝	最初的梦想	十年	菊花台	素颜	可惜不是你	稻香	青花瓷
歌手	周杰伦	王力宏	林俊杰等	范玮琪	陈奕迅	周杰伦	许嵩	梁静茹	周杰伦	周杰伦

老料新味的中国风

　　周杰伦在自己的作品中搭上中国元素并非始于2003年的《东风破》，还记得他第一张专辑中《娘子》带给耳朵的惊艳，简单的吉他、叙事化的歌词《边城》似的画面。可惜，这首歌在当时并未获得大众普遍的关注，周杰伦的新鲜和美女徐若瑄的才华才是话题，方文山还只是女人背后的那个男人。直至《东风破》，"方周"的完美合璧终于艳惊全场。反观那时《娘子》的落寞，可知不是随手拈的混搭就能入眼入耳的，原材料得"混"，操作方法是"搭"，"融"才是关键。《娘子》的词已有方文山浑然天成的中国范儿，搭上纯粹的吉他，让它显得只是一支中文RAP而已，东西混搭带来的联想是西方的，而非东方的。周杰伦在《东风破》中的尝试，证明了不同文化元素之间并非非此即彼，关键在于比例的调和，老料也能调出新味。

　　乍一听许嵩的歌，恍惚觉得周杰伦附体，中国风的曲调、碎碎念的唱腔，但他依然获得了90后的青睐。虽然与周杰伦相比，许嵩的中国风在旋律上稍显单薄，但可贵之处在于他的词除了保有古辞的风味外还多了对现实的关照，他借用中国风要表达的不止是意境，重点是他对生活的观察和态度。"下雨也可照逛街"，他在《素颜》中直白地表达了对自然美的偏好。年轻的许嵩并不担心对自己的坦白会吓跑那些持不同观点的人，正如他在博客上宣告的："如果我们的心跳不在一个频率，精神世界不在一个层级，听我唱歌很可能是一件乏味的事情。"

爱的是东方

中国风这一口味不仅满足了新生代对新鲜事物的好奇与追逐，还满足了其对民族文化符号的需求。这种需求来自平等的文化比较，新生代认识的中国不是任何其他国家的追随者，他们懂得喜欢、欣赏不同的文化，同时，他们需要可以代表自己的文化识别符号。《东风破》中的混搭，带来的联想是东方的，虽然其中有西方的弦乐、有电子的节奏器，但正如川派美食中的那盘回锅肉，调汁的那勺糖提了颜色，丰富了口味，但它并不会让你因为这勺糖而将其与上海菜混为一谈。

也许"方周"音乐中的中国味是骨子里的，正如设计香山饭店的贝聿铭先生。他将玻璃这一现代建筑材料使用在香山饭店大堂中庭的设计中以满足采光需求，可是在这个空间里飘散的都是江南别院的小情小调，让你感动。感动的不仅是那种扑面而来的家的感觉，还感动于中国的18年在他身上印下的深深的迹，不然，他何以对中国园林式建筑元素使用得如此游刃有余。

若深究这份榜单的年份，你会发现，全出自2000年后。那些80后爱过的《我愿意》、《心太软》等已随《伤心太平洋》逝去。我们不禁大胆猜想，十年后的榜单仍将有中国风的一席之地，只恐未必属于周杰伦，或者许嵩。

潮 = $\int_{出位}^{另类}$（外表装扮∪运动）+x

中学风潮的十年变迁

　　十年前排名前列的潮事中，外表潮从第13位升至首位，取代了新式运动潮。上网、开车、有驾照、追星、玩转电脑、泡吧、女生抽烟仍在潮流榜之上。能力崇拜（不努力就有好成绩）的水平明显下降，蹦迪也已经不再火爆。还有两件事从潮事儿中消失了：第一件是"气质冷漠，不轻易说话"。在2011年对90后的调查中我们发现，寡言少语的低调已经不被90后推崇。与此相反，大胆说话，说话用词恰当，能畅谈时尚话题，说网络语言和外语，都是潮的表现。第二件是"出国留学"，1999年24.2%的中学生认为出国留学是酷的标志，而如今，虽然因出国留学而放弃高考的人年年增多，但是留学在潮事儿中却鲜有提及。这一方面与出国留学的可能性增大有关，另一方面也是90后对国家强大认同的结果。

　　综合调查结果我们发现，90后在不断修正潮的概念，将其定位于"出位但不另类"。他们在判断一个人是不是有"潮范儿"时是"外驱型"的，主要是从外表装扮和运动方式来判断的，很少考虑内在品质。他们的潮更多是在向世界宣告自己的独特，这种宣告自然具有外向性。同时，他们还需要拿捏分寸，以防被直接打入外星。他们默默地向世人宣告"你潮或者不潮，我都在这里，与你不同"。

以貌取潮，青睐风尚运动

　　当问及潮事儿和土事儿，90后的回答中涉及外表装扮的占首位（23.4%，31.8%），在中学生中这个比例更高（29.1%，33.1%）。"以貌取潮"已是不争的事实。海魂衫和绿军装又重返人间，看到孙俪和邓超顶着清纯的盖盖头照的结婚登记照，貌似老式白衬衣也要登台亮相。这似乎在提醒我们，潮流的起点总是装扮。以服装潮流为例，六七十年代由军队、政府和政治人物引领，中山装、四袋军服等被人们视为高档货；80年代的《庐山恋》和《街上流行红裙子》等作品则引导潮流走向常态化，蝙蝠衫、踩脚裤从"不正经"

图/ 大路 ▶

变成人手一条。当今的 90 后，不时地在历史时尚手册中翻翻拣拣，同时秉持"立足亚洲，放眼世界"的原则，将异族元素尝试殆尽，努力打造自己的"潮"味儿。

如果说女生的潮是扮出来的，那么男生的潮就是动出来的。与外表装扮模糊的评价标准不同，新式运动在挤入潮事儿时几乎没有遭到任何反对：街舞、跑酷、滑板、轮滑是 90 后认为最潮的四种运动。运动的一个好处就是没有年龄歧视。如今 80 后为了避嫌不敢随便在穿着上装嫩，但不管是爷爷辈还是爸爸辈，如果去跳街舞，都一定会大受追捧，能运动从来都是年轻的代名词。也许正是因为这个原因，在潮事儿中提到运动的大龄 90 后反而更多。

潮要出位，不要另类

从未有一代人像 90 后那样对潮流如此敏感，潮不再是生活的调味品，而变成了生活本身。如果你不够潮，那就可以考虑穿越回上个世代了。但潮流大旗的变幻无常已经

让人无所适从，更何况 90 后的价值观如此多元化。想让他们赞你一声"潮人"，绝对是难上加难。90 后们连偶像都不愿意追随，时刻握着"我最 ★★"的信条。即使世人认为颇有理的"非主流"，在 90 后内部其实也饱受争议，将其评价为"潮"或"土"的比例相当。他们内心渴望的是一种"恰到好处地与众不同"，要出位，但不要另类。而这种评判标准的微妙，让"潮"和"土"的界限越来越模糊，一不小心你就会踏入土人雷区。为此，鄙人的功课不能白做，一定要跟各位看官侃侃如何谨慎低调做人，以防被 90 后炸飞。

90后成体育用品行业新宠

2010年7月29日晚，李宁的"玖零运动"达到高潮，水立方、西单大悦城、三里屯 Village、建外 SOHO、后海等京城各大潮流圣地都上演了"李宁"主题的快闪活动，他们为李宁的"90后定位"做了史上最潮的一次宣传。90后的新式运动潮，逃不过商家的敏锐嗅觉。

● 关于爱情

如果你能找到一个心爱的人，闲暇时和她散步，择佳日良辰用蜡烛为她拼个爱心桃，整得比较有气氛的话，你基本还能算个潮人。但是请注意：如果你不好好揣摩爱情真谛，过于高调地当众示爱，或者过于低调地传纸条、写情书，还不巧找了班里人谈恋爱，那你绝对会被打入"土人"行列。但是，再请注意：不谈恋爱是万万不潮的，与同性谈一场柏拉图式恋爱是能够潮爆一整年的，可是如果你动了真格，正在艳羡你的他们恐怕就一哄而散了。

相亲这个事如果刨去与闺蜜或兄弟提供笑料的作用，绝对是件土事。但是请注意：

如果你上非诚勿扰而且表现优异的话，可能还是比较潮的。

结婚这个事也要谨慎，裸婚虽然是上榜潮事。但是请注意：太早结婚或者一毕业就结婚也会被视为土。

▲图/猪脚

● 关于运动

你需要实时洞察现在的运动风尚，如果你不是刘翔，请不要单纯以跑步来标榜自己是运动达人。你需要的是"跑酷"，上房揭瓦，下地打滚，从城东窜到城西……大兄弟，好好练吧。

如果你碰巧有个不太廉价的山地自行车，也要注意怎么骑。自己或者纠集同好骑车去旅游是很酷的；如果骑着上班上学，那你可得藏好了，土人的帽子已经等着您呐。

● 关于装扮

穿衣服需要揣摩，女生看看《mina》，男生看看《潮男志》，要点是款式新、独、有范儿，最好还能有五种不同穿法。颜色鲜亮是值得肯定的，但大红、土黄是不推荐的。最糟糕的是自以为很另类的搭配不当，例如西装配运动裤。

染头发是潮流必备，但是别染黄的黑的，最好是紫不溜丢、金光闪闪、五颜六色，那你就修成正果了。

● 关于音乐

手机听音乐是相当普遍的做法，一定要尝试，但千万别傻到在公共场合放大音量，那你就忒另类了。如果你碰巧还是个山寨机，放着所谓的经典歌曲（红歌、流行经典都不可以），Oh，no，你杯具了。

K歌是可以的，绝对是群体娱乐的不二之选，但请你别每次都建议去K歌，哪怕去旁边泡吧也好，好歹有点新想法。

● 关于学习和品德

热爱学习是对的，但如果你真的想在江湖中混得好，偶尔逃一节课吧（建议仅限大学），如果学业不会被耽误，请谈谈情，说说爱，交交友，喝点酒。

善良是值得鼓励的，但90后眼中认为让座"土"的，比"潮"的多，如果你想被冠以有奉献精神的称号，当个志愿者还是比较潮的。

如果一个人本质很好，外表看起来也很乖，这样的话那个人就没什么个性，人还是要有点个性的，当然，在现实生活中个性不能太强，要不就没人愿意和他交往。

—— gugu

如果是老师认为叛逆极致的人我绝对不会感兴趣。比如在学校门口截人抢钱的，每天都把老师气得够呛的，这样的人我绝对不会理他。有一点点叛逆的人会比较喜欢，比如老师说什么，他会以一种搞笑的方法重新演绎一遍，我会觉得他很有意思。

—— cici

90生人潮榜

最具争议的潮事：谈恋爱、非主流、学习

最主流的潮事：广州举办亚运会、国家军事发展

最运动的潮事：跑酷

最动感的潮事：跳 NO BODY 的舞

最闯荡的潮事：骑着自行车去康定

最具奋斗精神的潮事：创业、自己拍电影、办演唱会

最乖的潮事：年年都有奖学金、成绩好、考满分

最好学的潮事：精通历史

最有爱的潮事：和自己的狗狗在一起、为人正直

最义气的潮事：和朋友／同学系列，恕不列举详情

最博爱的潮事：更多的人关心环境问题

最直白的潮事：拥有名牌

最囧的潮事：考公务员

最不可能的潮事：十楼跳下来不会死

最不能理解的潮事：在中山公园丢了十份报纸

最八卦的潮事：求爱门

最怀旧的潮事：绕口令、魔方

最伪开放的潮事：裸奔、变装、变性、同性恋、未婚先孕

最不给力的潮事：上网

最二的潮事：喝墨水、辍学

最抽象的潮事：淡定、太给力了、长相很潮

最魔幻的潮事：半夜梦游在寝室乱窜

最容易实现的潮事：在家待着

最需要配合的潮事：和父母做姐妹

最现实的潮事：我爸是李刚、有权有势、升职

最炫耀的潮事：偶买新苹果手机、楼上撒钱

最懒惰的潮事：天天玩也有好成绩

最暴力的潮事：打群架

最凶残的潮事：打乳钉

最颓废的潮事：斗地主

最潮流行语：我是 strong 不是虚胖

得到鲜花和鸡蛋都最多的人：犀利哥、凤姐

最悲催的情侣：张杰＝潮人，谢娜＝土人

60后、70后：用于点缀的时尚（Decorated Fashion）

就我个人而言，我不喜欢流行事物，评价一件事物好不好要看看是不是能经得起时间的考验，比如说电影《阿甘正传》。流行太短暂，不能成为永恒，所以我不喜欢。

——60后受访者

80后：造就特色的时尚（Distinctive Fashion）

刘德华，一个经典人物，凭自己的努力攀越高峰，他是影、视、歌全面发展并均有所成就的艺人，二十多年来一直努力不止。他的健康积极、勤奋向上，不仅是业内人士的模范，也是其在广大影迷心中一直保持魅力不减的最重要原因。

——80后受访者

90后：融入日常的时尚（Daily Fashion）

百事可乐的广告很有亲和力。它会请很多明星，阵容强大。那么多明星代言它，不同的明星会有不同的人喜欢，很多明星同时代言，就会适合很多不同口味的人，所以会对很多人形成吸引力。

——90后受访者

形形色色90后：
横看成岭侧成峰

90后：男爱武装，女爱红妆

虽然中性风盛行，90后们却"男爱武装，女爱红妆"。也许在他们心目中，外在的装扮可以中性，但内核应该男女有别。当80后女前辈们在职场和家庭两块阵地中艰苦打拼时，90后的女孩们正畅想着烹饪、插花、陶艺、形体训练，当然，还要懂得社交礼仪，精通多国语言，她们相信职场女强人在生活中也可以很温婉。男孩们想得更多的则是体育运动、社会实践、社交礼仪。这是对男女界限的重新划定？还是女性回归家庭的预示？不管怎样，我们相信，上帝创造出男人和女人是有道理的。

90后：东西南北中，你我各不同

北京：身份认同和朋友都很重要；

广州：低调悠闲的青年帮；

上海滩：勤恳奋斗闯出的自信；

中原武汉：保守主义的成功观；

天府之国：谁能比我更敢爱敢恨？

90后女性：爱家的**新独立女性**
——男 90 后与女 90 后的区别

　　某纸尿裤品牌说，男宝宝和女宝宝需要使用不同的纸尿裤，如此差别设计的好处，一来让妈妈省心，二来让宝宝的小屁屁舒适。只不过，目前禁止任何非医学需要的胎儿性别鉴定，温馨提示，这款产品不宜产前送礼。好在还有口口相传的民间智慧让年轻妈妈可以根据种种细微差异做猜测，不然衣服是挑蓝色，还是粉色？被子图案是要凯蒂猫，还是叮当猫？

　　这些很早很早以前由只愁吃饱穿暖的老百姓通过日常观察炼出的智慧得以适用，概是男孩与女孩的差异从妈妈肚子里就开始了。虽说号召"男女平等"的历史已上了三位数，但得小心，千万别把"平等"和"相等"搞混了——男孩吃完苹果的第一反应是"饱了"，女孩一般会说"很脆"，一个重结果，一个重感受——他们有平等的吃苹果的权利，至于吃完苹果的结论，就不是我们应当限定或是干预的了。

从 "社会斗士" 到俏丽闺秀

曾经，很多女前辈努力半辈子要摒弃贤妻良母的社会角色，立誓做一名独立自主的新女性。不知面对这份90后中学生第二课堂需求调查表，她们眼前有没有浮现一位温婉端庄、精通多国语言、知晓艺术设计、擅长美食烹饪的名媛款款而来的画面？她们此刻心情是否会有那么点 "白忙活" 的滋味？

虽说零点集团1999年《寻酷一代——中学生文化研究报告》中供80后中学生选择的第二课堂与本次的90后调查稍有差异，但是，这并不影响我们从这两张表的对比中发现，社会实践项目在80女与90女中受到了迥然不同的对待——女孩们的注意力开始从社会实践和社会参与，更多地回归到对自身的内外兼修。

附表　90后男女中学生第二课堂需求对比（%）

课程类型	女	男
社交礼仪	32.7	26.4
艺术设计类（绘画、动漫设计等）	30.5	20.5
美食烹饪类	27.2	15.0
其他小语种（法语、西班牙语等）	25.8	16.1
形体训练	19.8	6.4
体育运动类（网球、高尔夫等）	18.3	42.3
手工艺类（插花、陶艺等）	17.9	9.9
社会实践类	16.8	26.6

附表　80后男女中学生第二课堂需求对比（%）

课程名称	女	男
社会实践类	77.0	47.7
电脑学习	61.4	65.4
跨地区学生交流活动	40.0	27.4
外语学习类	33.3	23.3
文学艺术类	32.1	16.0
参加业余兴趣社团	24.6	17.9
体育运动类	13.7	48.4
军事训练	13.7	31.0

投身女权运动的前辈们曾努力要抛掉的恰是现在的女孩们正在重拾的。不论是生活小窍门、日常打扮，还是美食烹饪，女孩们都没少花心思：90后女孩在这些方面具有创

新表现的比例高达62.7%，比男孩高出近20个百分点。不知道，热衷在运动场挥洒汗水、在社会上大展身手的90后男孩们，面对这种 "进得厨房，上得厅堂" 的新女性是自觉

有福多一点，还是不敢高攀多一点。

对此现状，独立自主的女前辈先莫忧心。不同于曾经社会强行赋予的角色分工，这是90后女孩们根据对自己的认识与了解作出的选择。这般有内有外的修饰未必是为悦己者，也许只是独善其身，美了自己，顺便再美了别人。90后女孩这份面对男女性别差异的坦诚正是得益于前辈们争取、奋斗的成果，因为她们已经不需要通过和男孩做同样的事情来证明彼此地位的平等，她们知道只要愿意，她们也可以。所以，现在的她们不用与社会较劲，她们可以更多地把注意力放在自己身上，想想什么是让自己高兴并且有乐趣的事情。新时代的俏闺秀，未必时时端庄，偶尔她们也会混搭点中性风。在她们的心目中，外在的装扮可以中性，但内核应该男女有别，"男儿爱武装，女儿爱红装"才是正道。这是对男女界限的重新划定？还是女性回归家庭的预示？不管怎样，我们相信，上帝创造出男人和女人是有道理的。

▼图/ Yak

富养的儿子，穷养的女

都说"穷养儿，富养女"，说的是富养长大的女儿不容易被小甜头骗走，穷养长成的儿子肩头磨得厚实，日后能扛得住养家的担子。在同意这个观点有理的同时，原谅我怀疑在那个"男尊女卑"的年代，除了大家闺秀，几家老百姓舍得把女儿往富了养？即使在新时代，90辈的爹妈们和零点集团在1999年《寻酷一代——中学生文化研究报告》中80辈的爹妈们一样，都把老人言当作了"耳边风"：男孩的年均可支配"收入"①分别是女孩的1.135倍和1.133倍。十几年过去，物价飞涨，不变的是男女中学生的"收入"系数比。

面对心仪之物但却囊中羞涩时，33.3%的女大学生选择"忍了"，比男大学生高出3个百分点；14%的男大学生打算"找爸妈拿

附表 男女中学生日常可支配"收入"比较（元）

可支配收入	90后中学生		80后中学生	
	女	男	女	男
平均每个月的零花钱	358	407	60	75
今年拿到的压岁钱	1808	2042	872	904

钱买"，高出女大学生近3个百分点。面对诱惑，女性似乎更加克制，但却落个"拜物女"的头衔，为此女性表示很冤枉。暂且不论"拜物女"这个帽子的褒贬，单从经济这个立场来看，过度关注"拜物女"，恐怕会误导众商家忽略了男孩厚积薄发的消费力。更何况，相较于女孩，他们在家庭耐用品（包括家用电器、汽车、房子）的购买上会更多地参与决策。

①年均可支配收入的计算方法是：12×月均零花钱＋年底压岁钱＝年均可支配收入。其中，80后男女中学生"收入"系数比为1.133，90后男女中学生"收入"系数比为1.135。

▲ 图/ 阿旺

90 后女孩爱独立，也爱家

虽然和男孩比起来，90 后女孩手上花的钱少了些，不过，她们心头的主意倒是一点都不少：与爸妈意见产生分歧时，66.8% 的女儿们会坚持自己的想法，比儿子们高出 4 个百分点。

虽说这种对自己想法的坚持，多少会让人想到"叛逆"，不过，她们只是坚持思想空间的独立，依旧是爸妈那件暖心的贴身小棉袄——如果上天可以帮助实现一个心愿，18.9% 的女儿们将这个心愿送给了自己的家人，希望他们开心健康。也许只是一起吃家常饭聊些琐事，或者只是跟妈妈掏下心事，这些时光，都可能是女儿们最开心的时刻。正是这种对身边家人满满的爱，20.7% 的女孩相信有一个幸福美满的家庭就是幸福。再独立的她们，对于家，依然有甩不掉的依恋，这是打娘胎里就有的天性。

附表　90后男女中学生"爱家"表现的比较（%）

爱家表现	女	男
如果上天可以实现我一个愿望，我要送给我的家人	18.9	12.7
和爸爸妈妈在一起就是最开心的事	7.6	4.5
家庭幸福美满的人就是成功者	20.7	13.7

综上所述，90 后女孩似乎是现代与传统的完美结合，并不是那么的让人摸不着头脑。不过，到底要不要裸婚，暂时还是一件连她们自己也没想清楚的事情。虽然过六成的 90 后美眉说，"必须有一定的物质基础才能结婚"，但是她们预期 26.8 岁的理想结婚年龄与 27.2 岁买房的打算造成了"裸婚"的事实。也许，面对爱情，她们的理智还是没有斗过情感。但，谁知道理智的选择就一定比情感的选择更明智呢？将婚姻理智为"交易"不宜，情感为"私奔"也不佳，还是求个平衡比较稳。

无畏可以走多远
——不同年龄 90 后的区别

近六成（59.5%）90 后初中生相信靠个人努力就能成功，这一比例在大学生中跌至 36.9%。日渐多元的阅历让大龄 90 后认识到，对于成功，个人、机遇、人脉，一个都不能少。

▲图/ Yak

　　某期《非诚勿扰》来了一位印度男嘉宾，说起印度人在中国遭遇的两大误解：第一，印度人人会瑜伽；第二，印度人会突然唱歌跳舞。不止印度朋友在外有着不被了解的孤独，出了蜀地的四川人也承受着"必须爱吃辣"的误解。可以想见，对于正处于社会舆论风口浪尖的 90 后，用"都"打包时，请谨慎。民间有种说法是"三年一代沟"，对于 90 后的十年，一定程度上，这是个靠谱的分组方式：12—14 岁正值初中，15—17 岁经历高中，18—20 岁步入大学。他们有着各自的操心事，这些经历或多或少会在他们身上留下些什么，于是，各个小群体就有了产生共同个性的可能性。接下来为了方便，依据各阶段的人生大事，本文中，我们将以上三大年龄群体分别称作"无畏斗"（12—14 岁）、"高考忧"（15—17 岁）、"就业愁"（18—20 岁）。特别提示，仅作方便的称谓而已，并无贴标签之意。

他在睡觉，不要吵

附表 不同阶段90后独立空间偏好比较（%）

我希望自己的房间是这样的	12—14岁	15—17岁	18—20岁
有张舒服的床，就是一个温馨的卧室	16.0	20.1	20.3
很多东西都是卡通造型的，就像一个动漫基地	13.6	10.5	5.8
有很多玩具、游戏机、桌游等，就像一个游戏房	10.9	6.7	6.8
养了一些小动物，像动物园	5.8	1.7	0.8
有很多运动设施，像个运动健身中心	5.0	8.0	8.3
是我的展览馆，陈列很多我的作品	4.3	2.5	1.9
有很多科学实验工具，像个实验室	2.2	0.9	0.9

如果90后有机会设计自己的独立空间，他们会大胆地将其搭成一个动漫基地，或是生机勃勃的植物乐园，极客型的则很乐于让自己的空间兼具科学实验室一职。只不过，随着成长，更多的90后还是情愿让自己的空间就是个踏踏实实好睡觉的地方，有张舒服的床，足矣。

相对来说，还是"无畏斗"更能折腾，13.6%的人打算把自己的房间建成动漫基地，而有此计划的"就业愁"仅有5.8%。把房间改建成动物园、实验室、游戏房种种热闹的设想，正好是爱好冒险的"无畏斗"们寻求刺激的出口。大龄90后们，折腾稀奇古怪的冲动少了些，健身锻炼的需求日益凸显，不只想把自己的房间改成健身中心，16.9%的"就业愁"还建议学校增设形体课作为第二课堂。伯乐不常有且等不起，所以，他们知道外在美的锤炼是件不能马虎的事，人不可貌相，但有才兼有貌绝不会是件吃亏的事。

谁要挑战他的快乐

"颓废"、"叛逆"、"鲁莽",这些常常与90后如影随形的形容词,经过本次调查,彻底没底气和90后绑在一起了。以正面情绪为主打,这与零点集团1999年《寻酷一代——中学生文化研究报告》的80后中学生并无二致。不同的是,当年80后中学生中普遍存在的"兴奋"、"新鲜"等情绪感受,在90后中学生中,渐渐被"从容"、"平静"所取代。大概世面见得多了,90后们开始有了"新鲜

▲图/大路

疲劳"。对于淡定的90后,"快乐"依然是青春主旋律,颓废只是花边而已。只是随着年龄的增长,活力不敌从前,快乐少了一点,忧郁和颓废多了一些。

附表　不同阶段90后情绪感受比较（％）

情绪感受	12–14岁	15–17岁	18–20岁
快乐	75.7	65.2	66.1
活力	49.6	45.3	42.8
从容	23.6	30.6	33.7
忧郁	6.3	8.1	11.6
颓废	1.7	2.2	3.4

如果你想跟他们的快乐唱反调的话,制造些学习和考试方面的小麻烦,就能击败他们中的大部分,尤其是"无畏斗"。传说中潇洒自在的90后还是被考试"绑架"的一代。如果只能保留一个衡量减负效果的指标的话,建议看看有多少学生认为"考试是最

附表　不同阶段 90 后情绪影响因素比较（%）

影响情绪的因素	12—14 岁	15—17 岁	18—20 岁
学习或考试	67.4	61.1	56.7
父母及家庭	40.6	45.4	53.1
好朋友	31.8	32.9	39.5
老师	20.9	14.3	12.3
喜欢的人	15.7	18.4	33.7
我的偶像或影视剧	12.9	8.5	5.4

能影响自己情绪的事情"。等到他们的情绪不再如此普遍地被考试轻易干扰时，减负差不多就到位了。

可喜的是，随着年龄的增长，考试的重要性在 90 后心目中开始递减，而家庭日渐变得重要。但对于老师而言，则多了一个新难题——早恋渐渐有了苗头：情绪被感情问题困扰的学生比例，随着年龄的增长明显增加。或许这种恋得太"早"的定性过于草率，何谓"早"？可否称作学生之恋？这样也许会有助于我们理解处于恋爱中的他们需要什么——老师的开明对待，帮助处理好学习和感情的事情——为了爱情而荒废学业绝不是他们的初衷。换个角度，我们是否可以说，伴随着成长，他们更加懂得了如何去爱身边的人——家人、朋友、让自己心动的人，而不仅仅是困于学习中。

▲图/阿旺

无知者无畏？

　　"无畏斗"觉得 26 岁可以有自己的房；"就业愁"想，这事儿恐怕得再等等，28 岁差不多。34.1% 的"无畏斗"说，裸婚没啥大不了；69.3% 的"就业愁"认为，此事得三思而后行。

附表　不同阶段 90 后成功观比较（％）

影响成功的关键因素	12—14 岁	15—17 岁	18—20 岁
个人努力	59.5	48.3	36.9
运气或机遇	18.4	20.3	24.3
社会关系及人脉	12.4	19.1	25.1

　　因为"无畏斗"相信靠"个人努力"奋斗就会有成功，暂时的"裸"不代表永远的"裸"；但"就业愁"眼见着身边人种种就业或出国的际遇，不免开始怀疑，仅仅是奋斗也许不足以支撑自己走到成功的那一头——人脉、机遇、奋斗，一个都不能少。这也就难怪，42.5% 的"就业愁"希望自己的父母有权有势、有地位，他们更懂得"学得好不如生得好"这句话，在现实

附表　不同阶段 90 后"最畏惧的事"比较（％）

最畏惧的事情	12—14 岁	15—17 岁	18—20 岁
被人误解，失去朋友	40.3	29.8	22.0
失去健康，满身是病	5.3	7.0	8.1
青春不再，变老变丑	4.3	6.6	6.6
感情被背叛，爱人出轨	4.1	8.7	9.2
贫穷，没有钱	3.9	11.6	15.2

社会中意味着什么。

"无畏斗"摆着一副天不怕地不怕的架势，房不是问题，成功不是问题，没房先结婚也不是问题，唯一的硬伤是"失去朋友"。他们的青春刚开始，青春不再？还很远；他们的爱情还没来，感情背叛？无中生有；他们有耗不完的活力，满身是病？何苦烦恼；他们的挥霍有人买单，贫穷潦倒？无须多虑。

无知者的无畏，究竟该为"无畏"鼓掌，还是该为"无知"悲伤？又或者是，先尽情享受无拘无束的梦想或者白日梦？当越来越多的"就业愁"开始考虑公务员这个职业选择时，"无畏斗"们还有诸如 DJ、设计师、演员、调酒师、运动明星等职业设想。只是，现在的"就业愁"曾经是否也有过这般多姿多彩的职业梦？如果是，那么，梦想到底值得坚持多久？还是，应当早早务实地认识自己，而非仅凭兴趣爱好固执地把自己堵在一条路上？无知可以有多久，无畏可以走多远？我们只能跟随他们的成长，去等待答案。

◀图/ Yak

千城一面道不尽
——不同城市 90 后的区别

随着鸟巢和裤衩的示范效应，当下，只要 GDP 有能力的中国城市都在争建可以标榜个性的高调建筑。不过，在学生校服的款式选择上，还没发现哪个城市愿意第一个吃螃蟹，敢于追求个性化的校服。穿了几代人，校服还是不协调的大色块搭配，宽大得展开手臂跟块抹布似的。这样的校服实在没有青春活力的视觉冲击。那么，穿着这些"大抹布"的当事人呢？本次在北京、上海、广州、武汉、成都展开的 90 后调查给了我们一个解开疑惑的机会：对于校服的感受，

▲ 上海 图/来自网络

"统一"是我们在每个城市的学生中听到最多的形容词，除此之外，不同城市青年也各有观点。上海青年生于时尚之都，"老土"是他们对于校服最大的牢骚；武汉青年比较务实，校服"质量差"是他们的普遍反映；广州和成都青年，多是实事求是地说"太肥大"；至于北京青年，且听我们慢慢道来。

▲ 北京 图/来自网络　　　▲ 成都 图/大路

▲ 武汉　图/刘俊

◀ 广州　图/大媛

皇城根下：校服很光荣，朋友最要紧

　　五城青年中，唯有北京中学生——或许是长在皇城根下，看事物的角度自有一番大气——近两成大方地说，"校服穿在身，是'正统'且'光荣'的"。这倒可以理解，试问，哪个北京人不以说口混杂北京腔的普通话为荣？更何况，在名校云集的北京，穿件"人大附中"的校服，那真是身份和智慧的象征。首都名头响当当的中学几乎等同于响透中国，就跟"京片子"彰显"我是北京人"一样，带来的方便是大过于那点不完美的。再者，北京从来都是不完美的，她从来就没有那么精雕细琢，估计没有北京人会去跟其他城市比市容市貌，存心跟自己找别扭不是北京范儿。长在这里的人对于自己向来都很容得下，从来都是底气十足的腔调。在北京的街头，你能看到最丰富的混搭，是否"和谐"不要紧，图的就是舒适自在。

　　当然，再牛气的人，也有软肋。对于北京青年，朋友就是软肋，这也算是沿袭了这座城市一贯重哥们义气的"正统"，至少从数字上看起来，没有哪个城市的青年比他们更在乎朋友了。情绪随着朋友同喜乐、同哀愁，丢了朋友就是他们最怕的事。和朋友在一起有说不完的话，有犯不完的二，有种被需要的存在感。就像北京音乐人虞洋写给孙燕姿的那首《完美的一天》，买个大房子，把爱人和朋友都放在里面，这就是理想生活。

南方羊城：低调悠闲的青年帮

　　现在的90后，多数身居书斋，作为学生，为学习考试而忧心乃分内之事。虽说北京牛气，但却敌不过广州的洒脱：过半的广州学生，心情与考试无关。这种羡煞旁人的潇洒，不是挂在嘴上的。上海学生46%的周末时间扑在学习上，除了睡觉吃饭，每天按

12小时算的话，广州青年比他们多了近1个半小时去娱乐。大概因为，他们比其他城市的人更看重有房有车、家庭美满的幸福生活。同时，他们从前辈的奋斗经历中得到的经验是，未来生活的质量与现在的考试分数没有太大关系。虽然他们要的成功更多的只是过上好日子，但是对于成功的预期，他们却显得相当谨慎：超过两成广州90后不认为自己未来可以获得成功，高于五城市的平均水平。生在海边，他们习惯了未雨绸缪，希望不那么大，失望就没那么厉害；他们知道要能心想事成，"个人努力"固然重要，"运气或机遇"这些外力就不是自己说了算；加之，广州这座城市正经历转型期，这让往往随大环境而动的"机遇"变得更加不确定。

在对自己各方面能力的评价上，他们也相当"苛刻"，统揽十个单项及总评的最低分，保持了广州素来的低调。一如这个城市，从

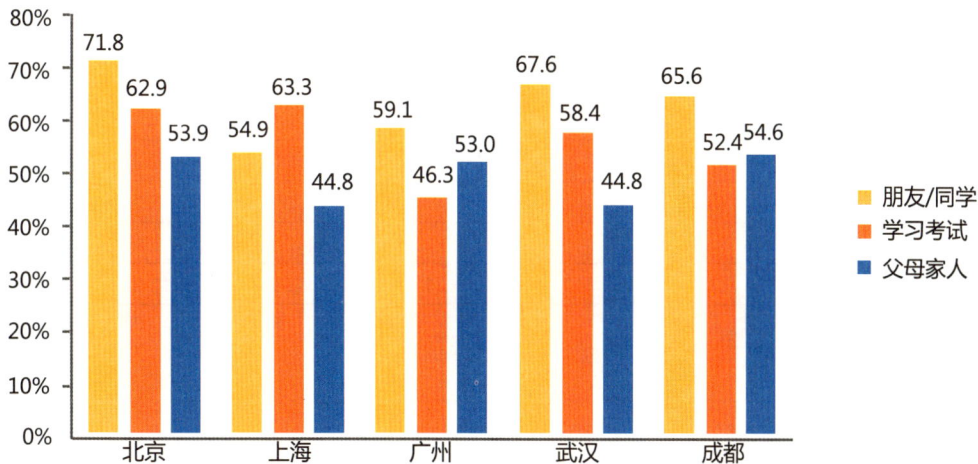

附图 五城青年情绪影响因素比较（%）

图例：朋友/同学、学习考试、父母家人

北京：朋友/同学 71.8，学习考试 62.9，父母家人 53.9
上海：朋友/同学 54.9，学习考试 63.3，父母家人 44.8
广州：朋友/同学 59.1，学习考试 46.3，父母家人 53.0
武汉：朋友/同学 67.6，学习考试 58.4，父母家人 44.8
成都：朋友/同学 65.6，学习考试 52.4，父母家人 54.6

来不与谁争名，多少革命斗士在此风起云涌过，无数人来此下海逐梦致富过，她还是最犀利敏锐的传媒阵地，但这些统统都不是符号，她也从不往自己身上揽标签，名利放两旁，日子最真实。

附表 五城青年能力自评[①]比较

能力自评	北京	上海	广州	武汉	成都	总体
生活自理能力	8.10	8.00	7.39	7.86	7.86	7.83
人际交往沟通能力	7.87	7.93	7.23	7.75	7.78	7.70
心理调节能力	7.77	7.90	7.20	7.50	7.42	7.54
学习能力	7.72	7.85	6.96	7.10	7.30	7.45
实践动手能力	7.71	7.67	7.09	7.33	7.29	7.40
身材及外貌	7.67	7.47	6.97	7.39	7.17	7.32
洞察发现问题的能力	7.59	7.49	6.69	7.27	7.04	7.20
决策能力	7.50	7.49	6.60	7.17	6.97	7.12
创新能力	7.38	7.50	6.73	7.14	6.93	7.12
组织领导能力	7.38	7.44	6.62	7.11	6.99	7.09
平均分	7.669	7.674	6.948	7.403	7.275	7.380

①能力自评按照 10 分制，由受访者对自己做评价。

上海滩：勤恳奋斗闯出的自信

不同于广州青年的谨慎低调，上海青年干脆地拿下了能力总评最高分，虽说只比北京青年高了那么一点点。上海青年表现的这份自信容易让人联想到这座城市独特的地位，以及她赶争国际大都市的霸气。但是，上海滩的年轻人并未因这些光环而浑噩地做着白日梦，他们依然崇尚脚踏实地的自我奋斗，就像这座耀眼的城市，她最宝贵的不是拥有的财富，而是创造财富的能力。所以，我们更愿意将上海青年的自信归因于他们对个人奋斗的信仰，他们并未因生在这座机遇之城而更多地将成功仰赖于机会或关系。

有人说，上海是一座为日常生活而存在的城市，在这些年轻人身上看到的朴实的成功观，让我们对于这句话更为认同。商业明星、政界大腕、社会名流常常穿行于这个城市的街头，但是，大概因为见怪不惊，上海青年的眼光并未放在这类"精英"身上，他们更倾于将自己身边的家人、朋友定义为心目中的成功人士。谁说一定要有耀眼的成就才是幸福？谁说一定要有万贯的家财才是幸福？在这个上海滩见过太多如戏人生，他们更懂得无论是波澜还是平碌的一生，只要顺应本心就好。

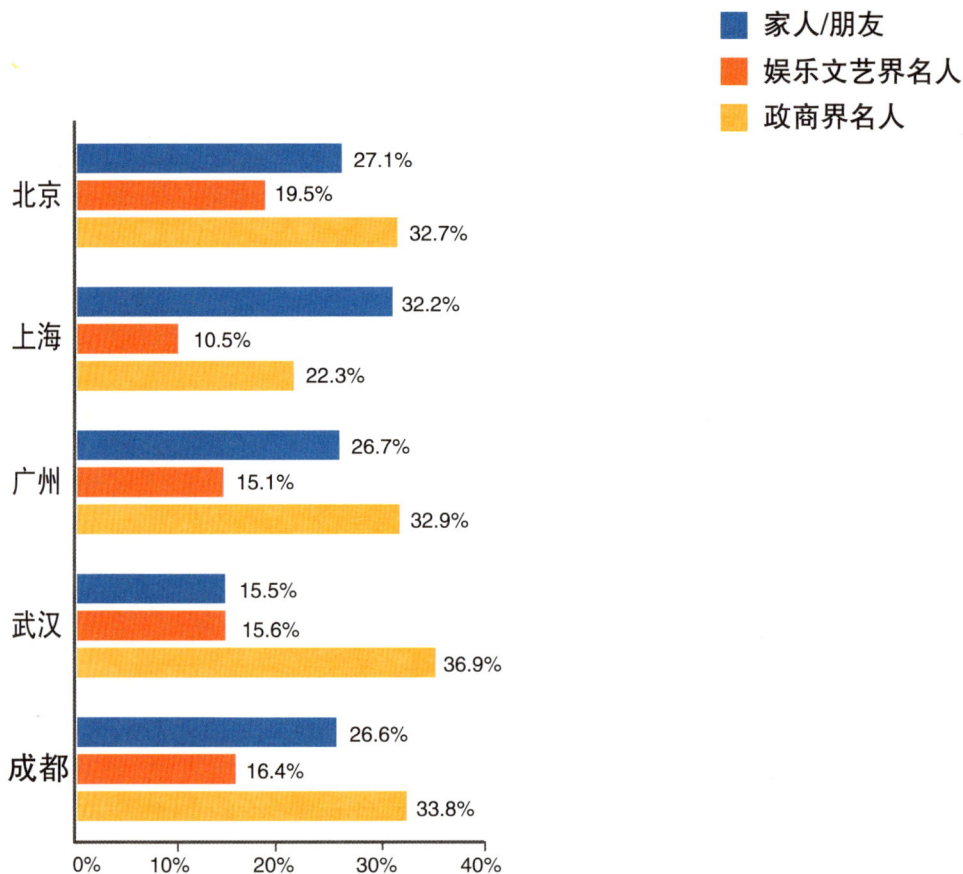

附图　五城青年眼中的成功人士比较

中原武汉：保守主义的成功观

同是沿长江而居，对于成功，武汉青年表达了与上海大不同的观点。在这里，提及最多的成功标杆是政商界的社会精英，相应地，武汉青年也更为率真地表达了他们对权威与名气的看重。也许，其他城市的青年会觉得这有些俗气，但是，如果说提到北京，你会想到鸟巢、奥运会；提到上海，你会想到浦东、世博会；提到广州，即使除了美食之外，没有其他明确的标志，但你知道她是一线城市之一；提到成都，光是那句"一座来了就不想离开"的口号足以让人印象深刻；提到武汉，在李娜捧得法网大满贯前，除了"九头鸟"，你能想到什么？中原之地，历史上逐鹿争雄，如今处于如此不尴不尬的境地，身份认同感，这大概就是他们对于权威与名气稍显执著的解释。

可是，对于成功，他们似乎过分重视了"社会关系及人脉"；更何况，与其他城市相比，武汉并无拥有这类社会资源的先天优势，

这岂不是作茧自缚？同时，在他们努力寻求外界认同之时，是否对接纳"异己"已做好了准备？至少，在面对同性恋的态度上，我们认为，武汉青年还有进一步开放的空间。

2.5%

武汉90后中，表示完全可以接受同性恋的比例

11.5%

成都90后中，表示完全可以接受同性恋的比例

天府之国：谁能比我更敢爱

武汉处中原，历史上的"九省通衢"之地；成都居盆地，被层层山脉阻隔于西南一隅，但是对于同性恋这种新关系，他们反倒显得不是那么拘谨。身居天府，安于一方，有朋自远方来不亦乐乎，大家一起喝点盖碗茶、摆个龙门阵就好。加之，己所不欲勿施于人，连稚嫩的成都中学生都有超两成敢说最信服自己。教化别人，不是天府人的风气。

生于此地，讲究吃香喝辣穿漂亮的实惠日子，日子过得舒不舒服和钱的多少关系不大。钱多，皇城老妈吃火锅；钱少，路边串串一样麻辣。所以在这里，裸婚，大有四成的他们不拒；真爱，逼近八成的他们依然相信。在这里，有一帮最敢爱的年轻人。因为敢爱，他们对于外界保有强烈的兴趣和参与的热情，面对实习、公益等各类社会参与机会，他们都表现出了比其他城市青年更为积极的姿态。

千城一面的城市建设似乎还没有伤及"里子"，不能阻挡东西南北中各城青年的锋芒，再次印证了"一方水土养一方人"的洞见。只是，生活习惯的养成跟自然地理、城市空间都脱不了干系，当环境的改变给历史惯性造成极大摩擦力时，千城一面虽非近忧也是远虑。

▼ 图/大路

个性 90 后，兼容并包

数据显示：近半 90 后表示认同"我喜欢变化，讨厌一成不变"（46.7%）和"我喜欢与众不同"（43%）；对待同性恋的问题，66.4% 的人表示理解或在一定程度上接受。虚拟社会成为 90 后更愿意生存的空间，有 24.3% 的人表示，"比起和人们在一起，愿意花更多的时间上网"。

提及 90 后，我相信你脑子里会冒出很多关于这个群体的标签：90 后是充满强烈的市场消费与名利观的一代，是流行文化中新的主宰者，是中国最年轻的国际人和家庭话语权的享有者……

然而，这些标签却不足以帮助我们洞察未来消费变化的趋势在哪儿，90后和80后、70后在行为、消费模式上产生差异的根本原因是什么？

社会学领域的价值观研究，能够帮助我们挖掘90后各种行为和态度背后的驱动因素，并有效地区分90后、80后、70后的特点，从而描绘出一幅代际差异的全景图。与七八十年代生的人不同，90后的价值体系中利他精神逐渐弱化，取而代之的是强调个体、寻求自我认同的价值观；另一方面，90后也较其他群体表现出更包容、社会适应度更高的价值倾向。

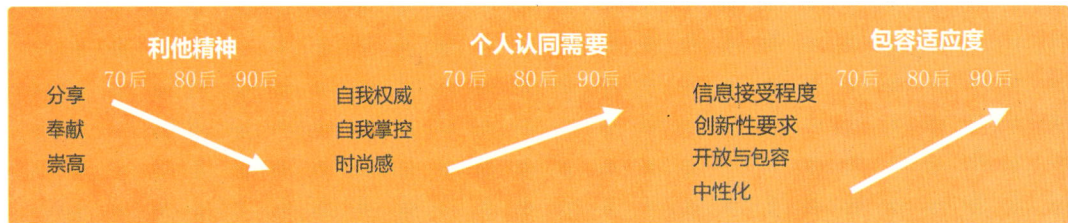

利他精神　70后　80后　90后

分享
奉献
崇高

自我权威
自我掌控
时尚感

个人认同需要　70后　80后　90后

信息接受程度
创新性要求
开放与包容
中性化

包容适应度　70后　80后　90后

附图　70后、80后、90后价值观发展变化示意图

关键词：利他精神的弱化

"学习雷锋好榜样，艰苦朴素永不忘，愿作革命的螺丝钉，集体主义思想放光芒……"这是一首在七八十年代生的人青少年时期传唱不衰、记忆犹新的歌曲。然而对于今天的90后来说，未必能够得到认同。

我们，七八十年代生的"老人"，从小在一大批以勇于炸碉堡的董存瑞、甘做螺丝钉的雷锋、钢铁般的焦裕禄、服务最光荣的

李素丽为代表的爱岗敬业，为人民、为祖国无私奉献的楷模形象中成长。以至于后来的生活中，行事需要考虑他人、集体利益高于个人利益、有必要时应该把好的让给别人等价值观，在七八十年代人的心目中占了很大比例。

然而今天的90后，你却很难看到他们对这种利他精神的大力推崇。我们发现，现今的90后，不认同"奉献"，不讲究"崇高"和"分享"，但是他们推崇"互惠"。你好，我好，"大家好，才是真的好"。这句广告词，用在他们身上就非常贴切。

认同"愿意为他人牺牲自己利益"这一观念的90后比例不到四成。

90后是在市场经济体制下成长的一代，他们从小接受的教育要求他们认清楚现实，明白社会竞争的本质。甚至，在幼儿园的时候就开始为后来几十年的赛跑做准备了。

因此，对于这一代人，不存在牺牲，现实是竞争；不存在奉献，因为自己已背负太多期望；不存在分享，世界是平的。

然而，竞争却不是简单的"零一法则"，而是各方面的综合因素。竞争也不是武林大会，不是你死就是我亡，而是一种在当前社会下，如何互相协调，彼此借鉴互补，将自己的优势和利益最大化，从而达到共赢。

关键词：自我认同需求的提升

90后的自我认同需求的提升，表现在他们对自我权威的肯定，而不再纯粹以他人是瞻。同时，90后更喜欢个人主宰和掌控的感觉，最直接的表现是在他们的日常服装搭配与消费方面。也许你同样发现了，90后对外在形象、时尚潮流的敏锐程度远超前面两代，他们的流行嗅觉敏锐，反应速度也出奇得快。

用数据说话：

- 近半成（46.7%、43%）90后表示认同"我喜欢变化，讨厌一成不变"和"我喜欢与众不同"。

- 不到四成的90后对"我从来都不会质疑权威"这一观点表示认同。

- 多数90后都"希望能够被他人关注，成为焦点和名人"，男生更甚（40.3%）。

- 七成90后对自己在学校的状态感到满意，并在各项自我评价中平均得分均超过7分，其中外形7.3分；自理能力7.79分；人际沟通7.76分。

- 23.8%的90后认为出位的服饰、新潮的穿着等与外表息息相关的事物最能代表潮流；31.9%的90后认为穿衣老土，不会打扮是比较"土"的事。

当70后觉得老师、爸妈对自己生活的干涉是一种正常的指导时，当80后希望寻求一种与长辈平等沟通的机会的时候，90后则表示，"现在这个社会没有人可以主宰你的生活，别人只能给予你建议而不能最终帮你决定，决断权仍在你自己，谁也代替不了你自己的生活"。

——我就是主宰，我就是权威！

当70后对朋克打扮嗤之以鼻，当80后追随大小天王的步伐，在镜子前看着最潮的服装欲说还羞的时候，90后已经果断地带上哈利波特眼镜，顶着刺猬头，拎着COACH的包包，挺着腰板儿走出去了。"有什么问题吗？我一直这么穿着，我就该这么穿着。"你千万别咋舌，这就是90后。

——个性是我唯一的标识。

当70后还在百货大楼买衣服，80后开始在shopping mall里面转悠的时候，90后已经不怎么出门了。直接翻开最新的时尚杂志，点开淘宝皇冠卖家。他们很清楚今年流行的是复古，所以买了很多没有镜片的大眼镜框；他们了解流苏的流行，所以鞋子和包包都选择杏色翻皮质感的；跟80后的小白领不一样，选择黑白不是为了保险，而是很特别；跟70后的大姐不一样，选择彩色不是因为老了需要更多刺激，而是正当年轻，什么都可以尝试。霓彩的、孔雀色、炫光感，谁说不适合？

——流行就是我时尚，不跟随大牌，跟随我心。

关键词：对社会的包容适应度高

当波伏娃完成《第二性》的时候，90后还没出生；当李银河提出同性恋合法的时候，90后才开始丫丫学步。

过去几十年，女性无疑开始崭露头角，半边天越发给力。随之而来的影响力波及社会各个角落，但公众层面却始终未得到更多行为模式和外显的改变。

60后抱着循规蹈矩的两性观无奈摇头；70后听着李银河的言论褒贬参半；80后的"童鞋们"开始将信将疑，开始看快男、超女，开始一点点地喜欢温润如水的男子。

90后呢？90后在干嘛呢？天涯上90后同志男孩故事成为热帖，"伪娘"接棒凤姐成为年度最红人物，偶像男明星们的同志绯闻被一大批90后"腐女"津津乐道，甚至祝福撒花。美型男、花样少男少女、美艳如花的男子们成为90后女孩所追捧的梦中情人。另一边，纤瘦白皙的男生越来越多，男用香水、洗面奶、面霜、彩妆系列，男用的

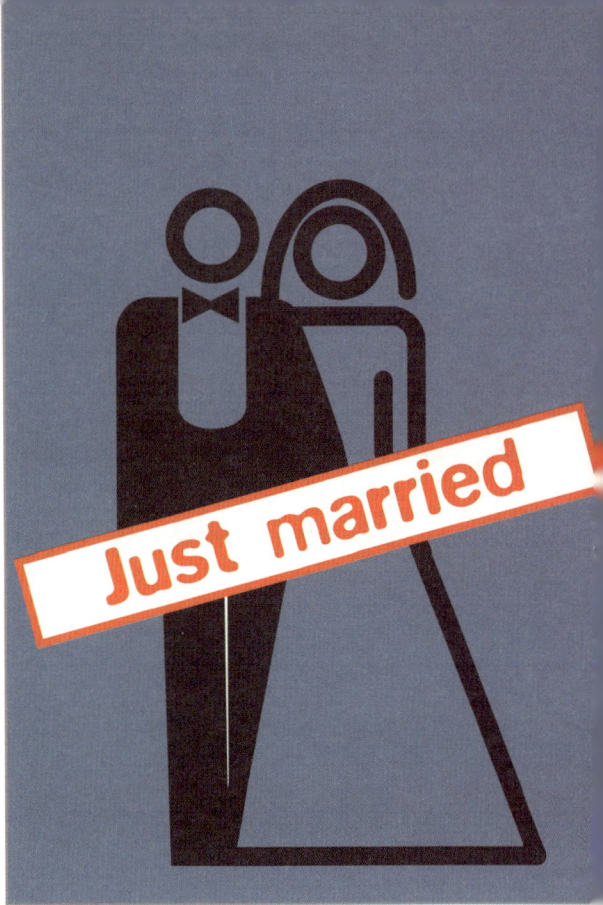

各种装饰物品一时间花开遍地。

——"男人爱美有什么问题？"

——"同性恋是他自己的事情，跟别人无关，我没有意见！"

90后的性别观越发模糊，模棱两可，中性美受到广大童鞋的认可。

另一方面，在线，成了在信息高速公路上出生的90后的生活常态。上网的时候瞄电视，看电视的时候手机上网；路上的时候挂着，学习的时候挂着，吃饭的时候也挂着。

用数据说话：

● 66.4% 的 90 后看待同性恋的态度比较冷静，表示理解或在一定程度上接受。

● 90 后中仅有 31.8% 的人没有谈过恋爱，近三成孩子认为"性爱可以独立于精神之爱而单独存在"。

● 四成左右 90 后表示，"我觉得尊重不同种族、宗教信仰和民族习惯很重要"。

● 在对自己外形打分的时候，男生的平均分（7.46）高于女生（7.14）。男生最多的配饰是帽子（23.3%），其次是包挂件 / 手机挂件（16.3%）。

跟 70 后和 80 后不一样，90 后是含着网线出生的，他们不缺乏信息，缺乏的是辨识和挑选信息的眼力。不看文字只看图，不看黑白只看彩色。

90 后的信息接受能力要远高于过去的两代人，正因如此，他们接收跨区域、跨文化的信息范围也远大于前面的两代人。90 后能更好地适应这个社会的变化，不再像歌词里唱的"不是我不明白，是这世界变化太快"。对于 90 后来说，任何变化都是可以理解的、有迹可寻的；任何变化也都是值得鼓励和欢迎的。

在这样纷繁复杂、五花八门的世界里，他们最怕没了乐趣。所以更多的创造性、更多的不一样，是 90 后所孜孜不倦的追求。

用数据说话：

● 有 24.3% 的 90 后表示，"比起和人们在一起，愿意花更多的时间上网"。

●文史哲类专业的学生中，认为微博、偷菜等网络行为是"潮"的比例最高，为18.6%。

●每天更新微博的人达到22.2%，每周更新的比例是33.5%。

● 18—20岁的90后中，有35.3%的人通过网络了解性爱知识。

●社交网站中，经常交流的朋友圈子有1~4个人，和5~10个人的比例分别达到36.6%和38.3%。

●有42.9%的人在视频网站看影视剧，然后是综艺娱乐（38.9%）。

未来：
银色翅膀，飞向金色未来

74.9% 的 90 后认为未来是美好的！
39.4% 的 90 后将未来与科技联系在一起。

　　90 后对未来表现出空前乐观，而这种乐观与科技紧密相连。一方面，他们是改革开放成果的彻底享用者，在他们的生活中少有"苦难"、"不幸"等词汇，对未来，他们没有理由消极；另一方面，他们是数字时代的优先体验者，是名副其实的"科技控"，是 E-GENERATION！全新的数字时代为 90 后将娱乐贯穿于整个生活提供了便捷条件，他们眼中的未来无疑是插上银色翅膀的金色未来！

90 后眼中的未来 10 年

  未来是一幅画，每一抹色彩的舞动都那么耐人深思；未来是一部曲，每一个音符的跳动都那么动人心弦；未来是一缕思考，每一笔思绪的诞生都是浪漫与理性的交织。纯真而不失深刻，浪漫而不乏理性的 90 后给我们勾勒了他们眼中的未来。让我们跟随 90 后的眼睛去看一看未来 10 年的世界的颜色吧。

红色梦想中的蓝色未来

如果让你穿越到未来 10 年的世界，你会看到一个怎样的世界？ 90 后告诉我们，他们会看到一个蓝色的世界：纯净、剔透、包容而激越。74.9% 的 90 后用和谐、美丽、整洁、舒适、繁荣、发达、人性化等模糊而又极度美好的词语来形容他们眼中的未来世界。在他们眼中，10 年后的未来用一个字来形容就是"好"，两个字来描述就是"很好"，三个字来总结就是"非常好"！而 90 后年轻一代的想法与当年的 80 后不谋而合。零点集团 1999 年《寻酷一代——中学生文化研究报告》显示：高达 82.3% 的受访 80 后中学生对未来 3—5 年的生活发展持上升及改善的预期，仅有 3% 抱悲观态度。

常言道，"吃得苦中苦，方知甜中甜"。在老一辈人眼里，90 后是在"蜜罐"中长大的一代。他们没有经历 40 后及前几代人为争取民族独立而经历的艰苦卓绝的斗争，他们感受不到 50 后或 60 后为振兴国家工业而付出的青春与汗水，他们体会不到 70 后在改革开放浪潮中跌宕起伏的酸甜苦辣，他们甚至也无法理解 80 后对那些廉价而简陋的玩具为何那么珍贵。大环境的和平，中国的腾飞，社会的发展赋予了 90 后一种天然的自信、乐观与开放。我们的数据显示，90 后最常出现的三种情绪分别是：快乐（66.5%）、有活力（44.8%）以及平静（33.7%）。现实生活良好的发展态势，让 90 后在保持乐观而淡定的生活态度的同时，也让他们对未来充满期待与希望。

还记得《上学记》何兆武先生是这样界定幸福的："幸福最重要就在于对未来的美好的希望，一是你觉得整个社会、整个世界会越来越美好，一是你觉得自己的未来会越来越美好。"从个人来说，75.5% 的 90 后认为自己未来成功的可能性比较大或非常大；从社会来说，超过七成的 90 后对未来 10 年的世界持乐观态度。原来 90 后还真是身在"蜜罐"中啊！

银色科技下的金色未来

移民火星，复活爱因斯坦，机器人服务家政，手机超越电脑……这些都是90后在《敢想报》中描绘的未来世界。39.4%的90后在关于未来的描述中专门提到了科技的发展，而在提到科技的90后中，100%的人对科技的发展及其影响持乐观的态度。在他们看来，银色科技可以给世界一个金色的未来！而1999年的研究表示，科技也是当年的80后群体中最为关注也最为时尚的话题之一。计算机、网络、通讯业发展，居当年80后时尚话题的第二位，仅次于台湾问题。当年80后中，半数人预测到2000年"大多数中学生都上了网"。科技发展是80后及90后未来梦想中最关注也最坚信不疑的议题。

相对于80后，90后更为彻底地享受科技带来的快感。如果说80后是伴随着电视长大的一代，那么90后就是衔着鼠标出生的一代。当80后还在课上飞燕传书时，90后已经剑指如飞地发"飞信"了；当80后捧着笨重的游戏机堆俄罗斯方块时，90后则是握着手感极佳的智能手机完成打游戏、看小说、听音乐、上网等一系列活动；当80后还只能通过磁带、录像或VCD揣摩迈克·杰克逊的太空步时，90后则可以通过3D影院跟这位巨星一起享受舞蹈的乐趣。

科技的巨大威力，给90后带来便利的同时，也让他们成为"科技控"：他们彻夜排队去追逐诸如iPad之类的高科技"靓品"，他们崇拜比尔·盖茨、乔布斯等站在科技顶端的名人，他们热衷于发现及讨论各种科技新品。我们的研究发现，六成左右的90后的家庭在购买数码或电子产品时会与孩子共同商议。科技的巨大威力以及一往无前的发展态势给了90后非常大的盼头，他们对未来科技的发展抱有坚信不疑乃至迫不及待的态度。科技的发展是吸引众多90后穿越去未来的重大原因，一位90后就曾这样跟我们描述：当你还在使用BB机的时候，突然把你放到一个使用iPhone的时代，这是多么大的惊喜啊。

灰色问题下的多彩未来

环境污染、金融危机、贫富差距、教育公平、房价以及医疗保障等沉重的话题，也都进入了 90 后的关注视野。在畅想未来时，对于这些问题的解决，90 后意见不一，但认为这些问题在 10 年后会有所改善的比例大于认为其会恶化的比例。

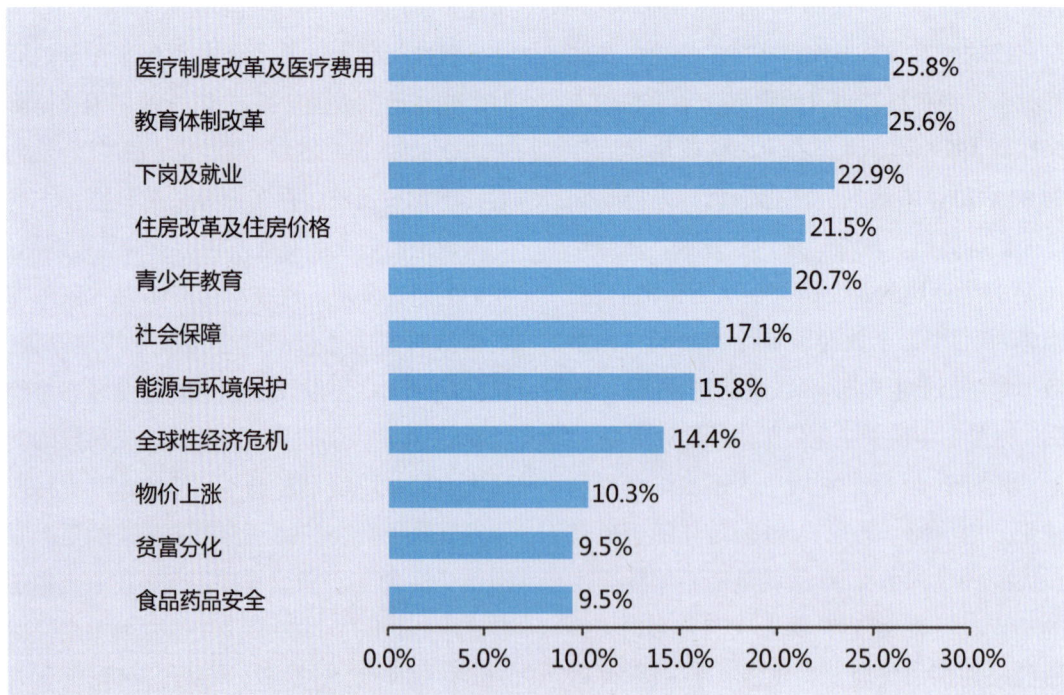

医疗制度改革及医疗费用　25.8%
教育体制改革　25.6%
下岗及就业　22.9%
住房改革及住房价格　21.5%
青少年教育　20.7%
社会保障　17.1%
能源与环境保护　15.8%
全球性经济危机　14.4%
物价上涨　10.3%
贫富分化　9.5%
食品药品安全　9.5%

0.0%　5.0%　10.0%　15.0%　20.0%　25.0%　30.0%

附图　90 后关注的几大社会问题

　　90 后接收信息的速度远快于前几代人。相对于前几代人对信息"细嚼慢咽"的接收方式，他们"鲸吞"式地捕食各种信息。他们在视野宽度上是公认的佼佼者。通过 QQ、微博以及各种门户网站，90 后对时事政治的关注度渠道非常多。而手机网络的使用，则让 90 后在繁忙的课业之余可以零散地关注新闻。90 后在未来世界的畅想中专门列出了自己关注的社会问题，与其说他们在预测未来，倒不如说他们是抱着一份希望、一个祈愿，希望未来的世界能够将这些灰色转变成其他亮丽舒适的色彩。在 90 后看来，未来的世界里灰色必然存在，但并不影响社会的多彩或多面。

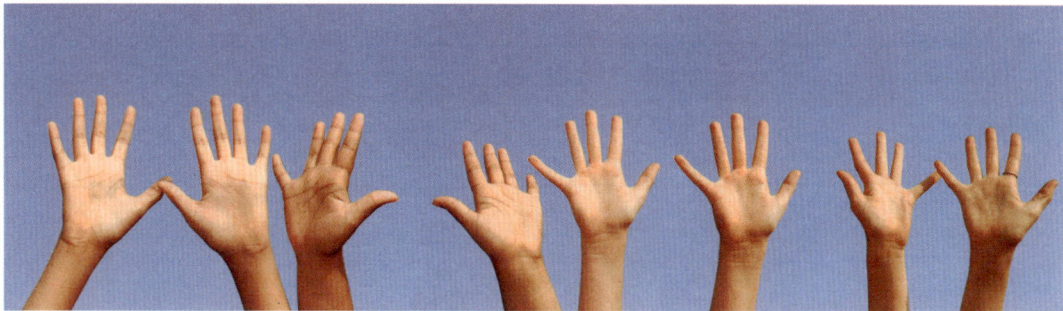

一个典型 90 后的典型一天

　　中午吃饭，朱小萌说，睡前把今天做过的事情想一遍，比较不会老年失忆。晚上回家，我的老爹爹想了想，当日回忆录是：起床；吃老妈的鸡蛋牛奶营养早餐；驾车 40 分钟到公司；季度汇报；谈了两个客户；下班跟老妈超市购物，买一堆。老妈差不多，上班种种，多了些家务活，和众阿姨商讨了下我的前途——高考还是出国。我呢？今天都做了哪些事？……惨了！脑细胞都被英语单词伤完了！！微博，必须作为我脆弱脑细胞的外部存储器，翻一通，本日行程，按照时间先后顺序，整理如下：

6：50

　　醒不来！醒不来！老妈巴拉巴拉一通念……好好开车啊！老妈呀！！红绿灯！有木有！真是滴……这女人

　　6 月 3 日 6：50 来自 iPhone 客户端转发 | 收藏 | 评论（2）

　　社会观察课的表！填了没？亲～朱小萌 姐已经在麦满分了，醒醒！！！@火星菜！！！！！！@火星菜他多真给力！炮哥已到，速来报道～

　　大炮 哟～～iPhone 客户端呐～周末进货了呐，

9：52

　　姐老大，你妹鹅刚从化学考试的水生火热中爬出来，你才出被窝！！！还死不羞地晒达令！！大二 @丫女，过的都啥嘛人生哦～～～～

　　@丫女：哦～答铃猪，你的 morning call～太阳替你吻了鹅滴脸，镜子却惊现一颗痘。毁了！毁了！今天的实习面试啊～～昨晚上就说不要麻辣香锅嘛～

　　6 月 3 日 9：52 来自 iPhone 客户端转发 | 收藏 | 评论

10：30

　　尼玛啥状况～喘死娘了都～@ 大炮你丫一堆男的出个操磨磨唧唧，拖累大家罚跑三圈！！低血糖，伤不起啊～～老郭的文言文，爱你！爱你！语速慢点，再慢点，让偶见下周公，表叫醒鹅……

　　6 月 3 日 10：30 来自 iPhone 客户端转发 | 收藏 | 评论（1）

　　丫女 妹呀～鹅滴妹～少壮不努力，老大徒伤悲，看姐被痘痘愁得……大二就要求面试、奔实习～～容易吗鹅～你说！！！！

12:03

　　这张图…@丫女，让我想起鹅的理想生活：老了以后，有个种满薰衣草的花园，每天种种花、溜溜狗，再看附近的小朋友自以为隐蔽地跑进来偷摘薰衣草。

　　@丫女：面试途中，路过这家店，答铃猪，想起你……女 6月3日 12:03

来自 iPhone 客户端转发 | 收藏 | 评论

▲ 图/大路

12:35

　　超不矜持的 @朱小萌～你这萌女咋个嫁嘛！！吃饭都能喷 @炮哥一脸 ～～～～ 笑翻一坨人！！！！ my favorite part，除了食堂的鸡肋饭有点扫兴，拿个八喜来！

　　6月3日 12:35　　来自 iPhone 客户端转发 | 收藏 | 评论

14:00

　　bodyshop ！！姐老大，领了工钱，淘宝给鹅，包邮哦～亲～ 蔡脑壳进来了，摸到粉笔就亢奋，讲起数学就销魂。鹅随他去也 ～～～～

　　@丫女：一颗痘也刹不住姐的魅力啊！搞定面试官 ～ 下周开始实习，鹅亲爱滴公关策划助理 ～～～～ 答铃猪，晚上一起饭哟 o(∩_∩)o

　　6月3日 14:00　　来自 iPhone 客户端转发 | 收藏 | 评论

　　熬到黄昏，总算出个校门了，还是外头的饭好吃，河粉儿 ～～～ 现在的中学生可是越来越光明正大咯 ～～ 情侣包有木有 ～～ 耍早恋！！！今天天长地久明天就分手，天天爱不爱我的什么滴 ～～ 酸死个姐！

　　6月3日 14:00　　来自 iPhone 客户端转发 | 收藏 | 评论

　　丫女 @火星菜妹儿啊～你这都没恋上，酸个啥子！！！！ bodyshop 姐给你包了。政治经济学，睡过去了，老头儿照着 PPT 念，也不嫌伤眼～《中西方文化融合》讲座也相当不给力啊～姐的青春就这么被这些口水泡着……松弛了都 ～～ 鹅跟猪儿饭去了。

21:20

　　作业啊～山一样的作业！！单词啊～背不完的英语单词！！大二的烛光晚餐，高二的三座大山，莫天理啊！莫有天理啊！！！妈咪～我回来鸟～爱心宵夜有莫有 ～～～

　　6月3日 21:20　　来自 iPhone 客户端转发 | 收藏 | 评论

00:16

　　搜噶！不错嘛，今天！应付了化学考试，总结了理想生活，笑了个肚皮痛，吃了个八喜，点评了个早恋；QQ 挂一天，还升了个级；刚在 Yoyo 的人人上，还看了个关于怎么做土豆泥的食谱，周末操作下。刚吃完老妈的爱心水果拼，再发条微博，睡下。

　　好梦，火星菜。好梦，鹅滴亲们。好梦，鹅滴老爹爹和妈咪

　　6月4日 00:16　　来自 iPhone 客户端转发 | 收藏 | 评论

　　朱小萌　睡！今天，都想过了没？当心老年失忆哟～

　　大炮　iPhone 明天拿来玩两把切水果

　　丫女　菜妹～好眠

　　菜园子　好梦～爱你滴爹爹和妈咪

后 记

自 1992 年创建至今，零点几乎每年都会出版几本书籍，书籍的内容从最初舶来转化的基础市场研究方法到适合中国社会的创新研究体系；从简单的社会调查结果到系统、生动的中国城市消费描摹；从聚焦市场研究商业领域扩展为对中国社会群体文化大脉络的洞察……

我们能够欣喜地看到出版书籍的变化也正镜像了零点发展的二十年——我们总是坚持用客观、深入的数据记录分分秒秒发生在中国的变化，也正是这些积累，给予我们创新独特的视角去解读变革背后的真实与缘由。从某种意义上说，我们把这些看成是"责任"与"事业"，而不是"噱头"与"生意"，所以在零点，我们看到更多的是富有激情的创新者、坚毅执著的探索者和勇于承担的实践者。而这些也正是袁岳先生的自豪所在，

在他的开篇序中特别提到"他们真的是一群热诚而且富有创造力的青年人"！

这本对 90 后生动描摹的书籍确实让大家期盼了很久，但相信它是值得期待的。清楚地记得从书籍开始筹划到研究设计、数据采集、初稿撰写以及最后的修改提炼，指标团队花费了整整一年的时间。因为笔者多是 80 后，为了加深对 90 后的理解，让每一个主题都活灵活现，生动在目，他们倾注了无数个夜晚和周末，混战在 90 后喜欢的论坛、网站、博客、电影和音乐中，甚至连做梦都在考虑奇思异想的火星文与天马行空的穿越。所以第一要感谢的人一定是最富有创造力的 80 后主创团队：蔡焱、钟璐、张媛、陆誉蓉、古雪、朱丽娟、刘晓波和丁江，是他们让一串串枯燥的数据用立体灵动的方式展现在读者面前。还要特别感谢对研究热爱

到极致的张军，谈到 90 后，她总是激情满满，在书籍风格的策划中给予了非常宝贵的建议，也正是因为她的鬼马想法，才有了今天这本有趣活泼又不失洞察本色的好书。也要感谢撰写指导的 70 后团队：张慧、王佑、姜健和我，我们中的每个人看过与修改的文章都不下十次，因此被生动地比喻成四棵大油菜带着一群小油菜。我们的指导更多是启发式与鼓励式的，因为我们坚信只有开放的创作环境，才能够产出创新的精品。最后还要感谢本书的支持团队，吴雪、张贤、关植芳、张红美、周为和刘谦，有了你们，才有各个环节的高质量的无缝衔接，让我们的 90 后书籍如期出版，谢谢你们的付出与努力！

明天，我们仍会一如既往地用我们的脑袋去思考，用我们的眼睛去观察，用我们的耳朵去聆听，用我们的四肢去体验，用我们的心灵去感受……让我们一起期待零点推出更好的研究来见证中国社会变化与发展的精彩瞬间吧！

曲媛媛

2011 年 8 月 10 日，北京

零点研究咨询集团是在我国经济市场化进程中产生并不断成长的著名专业研究咨询机构。1992 年成立零点调查（市场研究），于 2000 年进行结构调整，投资成立了前进策略（策略咨询）和指标数据（共享信息），形成三位一体的格局，是目前国内最大的提供专业的策略性研究咨询服务的集团公司之一。2010 年零点业务增加城市公共呼叫中心、网络实验室、商业房地产研究院、国际研究院，加上专注公益的青年公益创业发展中心，零点成为具有全线信息研究咨询与实验性行动管理能力的新型知识服务型机构。目前零点也正进一步拓展在创业企业服务、奢侈行业服务的新模式。零点是世界专业研究者协会 (ESOMAR) 中国代表机构，也是国际管理咨询机构协会 (AMCF) 原中国代表机构。零点依照国际惯例，透过持续的研发投入、与国际服务机构的合作和有力度的人力资源组合，成为兼容国际视野和本土经验的调研咨询知名服务品牌。零点是中国市场研究协会副会长单位、北京科技咨询业协会轮值理事长单位，并首批获得国家统计局颁发的接受国际研究服务项目的资格认证，"HORIZON"（零点）为受中国法律与《马德里国际公约》保护的国际注册服务商标。零点也在全球超过45 个国家拥有业务协作伙伴。

零点指标数据创始于 2000 年，以开发追踪中国社会各社会群体的消费文化与社会议题数据为核心，并借助于多种媒体途径实现研究数据的广泛传播为宗旨的国际化公司，与零点调查的专项调研数据服务互为辉映，同时也为全球范围内的 8 个语种 800 多家媒体提供有关中国社会的最新调查数据信息。零点指标所进行的中国公众生活质量研究、数字化人群研究、网民文化研究、城市青年女性消费系列研究、90 后消费与文化研究、现代女性形象研究、新男性研究、农村居民消费研究、流动人口消费文化与生活形态研究等特定人群研究成果以及所探索的各类新型研究方法，为理解中国社会和社会的不同组成群体，深度理解具体的消费行为和消费心理提供了广泛的背景数据和深刻的逻辑化剖析。

我们拥有最全面专业的《90 后群体价值观及消费行为研究报告》，如有需要，请联系张贤女士。

联系电话：010-84400011-407 邮箱：zhangxian@horizonkey.com

图书在版编目(CIP)数据

我们,90 后! / 袁岳,张军主编. —杭州：浙江
大学出版社,2011.10(2015.7 重印)
ISBN 978-7-308-09331-6

Ⅰ.我… Ⅱ.①袁…②张… Ⅲ.①青年—生活状
况—研究报告—中国 Ⅳ.①D432.7

中国版本图书馆 CIP 数据核字(2011)第 241694 号

我们,90 后!

袁 岳　张 军 主编

策 划 者	蓝狮子财经出版中心
责任编辑	吴伟伟 weiweiwu@zju.edu.cn
内文排版	十木米
出版发行	浙江大学出版社
	(杭州市天目山路 148 号　邮政编码 310007)
	(网址:http://www.zjupress.com)
印　　刷	浙江印刷集团有限公司
印　　张	9
开　　本	889mm×1194mm　1/24
字　　数	181 千
版 印 次	2011 年 10 月第 1 版　2015 年 7 月第 2 次印刷
书　　号	ISBN 978-7-308-09331-6
定　　价	45.00 元
